Franz Cumont

Die Mysterien des Mithra

Ein Beitrag zur Religionsgeschichte der römischen Kaiserzeit

Franz Cumont

Die Mysterien des Mithra

Ein Beitrag zur Religionsgeschichte der römischen Kaiserzeit

ISBN/EAN: 9783955643058

Auflage: 1

Erscheinungsjahr: 2013

Erscheinungsort: Bremen, Deutschland

@ EHV-History in Access Verlag GmbH, Fahrenheitstr. 1, 28359 Bremen. Alle Rechte beim Verlag und bei den jeweiligen Lizenzgebern.

DIE MYSTERIEN DES MITHRA

EIN BEITRAG ZUR RELIGIONSGESCHICHTE
DER RÖMISCHEN KAISERZEIT VON

FRANZ CUMONT
PROFESSOR DER ALTEN GESCHICHTE AN DER UNIVERSITÄT GENT

AUTORISIERTE DEUTSCHE AUSGABE VON
GEORG GEHRICH

LEIPZIG
VERLAG VON B. G. TEUBNER
1903

VORREDE DES VERFASSERS ZUR ERSTEN UND ZWEITEN FRANZÖSISCHEN AUSGABE.

Das vorliegende Buch erhebt keinen Anspruch darauf, ein Bild von dem Untergange des Heidentums zu bieten. Man wird in ihm auch keine allgemeinen Betrachtungen über die eigentlichen Ursachen suchen dürfen, welche den Erfolg der orientalischen Kulte in Italien erklären. Wir beabsichtigen hier nicht zu zeigen, wie ihre Lehren — ein weit wirksameres Ferment der Zersetzung als die Theorieen der Philosophen — die nationalen Glaubensvorstellungen auflösten, auf denen der römische Staat und das gesamte antike Leben beruhte; und wie dann die Zerstörung des Gebäudes, dessen Mauern sie in ihren Fugen gelockert hatten, durch das Christentum vollendet wurde. Ebensowenig wollen wir hier die verschiedenen Phasen des Kampfes zwischen der Idolatrie und der erstarkenden Kirche verfolgen. Dieses umfassende Thema, welches wir später einmal behandeln zu können hoffen, bildet nicht den Gegenstand dieser Monographie. Sie beschäftigt sich nur mit einer Episode aus jener entscheidenden Revolution: sie versucht nämlich mit möglichster Präzision zu zeigen, wie und warum eine Abart des Mazdaismus unter den Cäsaren beinahe zur vorherrschenden Religion des römischen Reiches geworden ist.

Die hellenische Kultur kam nie dazu, bei den Persern Wurzeln zu schlagen; und den Römern gelang es ebenfalls nicht, sich die Parther zu unterwerfen. Die bedeutsame Tatsache, welche die ganze vorderasiatische Geschichte beherrscht, ist, daſs die iranische und die griechisch-lateinische Welt, ebensosehr durch instinktive Antipathie als durch Erbfeindschaft voneinander geschieden, einer wechselseitigen Assimilation stets abgeneigt blieben.

Dennoch hat die Religion der Magier, welche die vollendetste Schöpfung des iranischen Genius darstellt, dreimal die abendländische Kultur beeinfluſst. Zunächst übte der Parsismus eine sehr merkliche Wirkung auf die Entstehung des Judentums aus, und einige seiner Hauptlehren verbreiteten sich durch Vermittelung der jüdischen Kolonieen im ganzen Mittelmeerbecken und wurden später von der katholischen Orthodoxie übernommen.

Unmittelbarer wirkte der Mazdaismus auf die europäische Gedankenwelt, als Rom den Osten Kleinasiens erobert hatte. Seit unvordenklicher Zeit lebten dort in stiller Verborgenheit Kolonieen von Magiern, die aus Babylon ausgewandert waren und in diesen barbarischen Gegenden, indem sie ihre traditionellen Glaubensvorstellungen mit hellenischen Ideen verwoben, mit der Zeit einen trotz seiner komplexen Beschaffenheit originellen Kultus herausgebildet hatten. Am Anfang unserer Zeitrechnung sah man ihn plötzlich aus dem Dunkel auftauchen und gleichzeitig im Donau- wie im Rheintal und bis in das Herz Italiens vordringen. Die Völker des Abendlandes empfanden tief, daß der mazdäische Glaube ihren alten Nationalreligionen überlegen war, und die Massen strömten zu den Altären des fremden Gottes. Aber die Fortschritte des Eroberers stockten, sobald er mit dem Christentum Fühlung bekam. Mit Erstaunen gewahrten die beiden Gegner, wie ähnlich sie sich in vieler Hinsicht waren, ohne sich von den Ursachen dieser Ähnlichkeit Rechenschaft geben zu können. Und darum klagten sie den Geist der Lüge an, daß er ihre heiligen Bräuche habe parodieren wollen. Der Konflikt zwischen beiden war unvermeidlich und wurde zu einem heißen, unversöhnlichen Kampfe, denn sein Einsatz war die Weltherrschaft. Niemand hat uns seine wechselnden Momente berichtet, und unsere

Phantasie allein vergegenwärtigt sich die einzelnen Akte des Dramas, welches sich in der Seele der Volksmassen abspielte, als sie zwischen Ormuzd und der Trinität hin- und herschwankten. Wir kennen nur das Ergebnis des Kampfes: der Mithriacismus wurde besiegt, und zweifellos mußte er es werden. Jedoch ist seine Niederlage nicht ausschließlich der Überlegenheit der evangelischen Moral oder der apostolischen Predigt gegenüber der Lehre der Mysterien zuzuschreiben; er ist nicht lediglich deshalb zu Grunde gegangen, weil er von der ererbten Last einer überlebten Vergangenheit zu Boden gedrückt wurde, sondern auch, weil seine Liturgie und seine Theologie zu asiatisch geblieben war, als daß der römische Geist sie ohne Widerstreben hätte acceptieren können. Umgekehrt blieb ebenderselbe Kampf, der zu gleicher Zeit in Irân zwischen den beiden Rivalen entbrannt war, für die Christen ohne Erfolg, wonicht ohne Ehre, und in den Staaten der Sassaniden ließ sich der Zoroastrismus niemals ernstlich antasten.

Aber die Niederlage Mithras bedeutete nicht das Ende seiner Macht. Er hatte die Geister für die Aufnahme eines neuen Glaubens vorbereitet, der — wie er selbst — von den Ufern des Euphrat kam und mit veränderter Taktik die Feindseligkeiten wieder eröffnete. Der Manichäismus erschien als sein Erbe und setzte sein Werk fort. Es war der letzte Ansturm, den Persien auf den Occident unternahm, und er war blutiger als die anderen — aber auch er sollte schließlich an der Widerstandsfähigkeit des christlichen Reiches scheitern.

Diese flüchtige Skizze wird, wie ich hoffe, die Wichtigkeit der Geschichte des Mithriacismus erkennen lassen. Ein Seitenschößling des alten mazdäischen Stammes, hat er in vieler Beziehung die Eigentümlichkeiten der alten Naturreligion der iranischen Stämme bewahrt und läßt uns vergleichsweise die so umstrittene Tragweite der avestischen Reformation besser verstehen. Anderseits hat er gewisse Lehren der Kirche wenn nicht inspiriert, so doch wenigstens präzisieren geholfen, wie die Vorstellungen von den höllischen Mächten und vom Ende der Welt. So trägt sein Aufkommen wie sein Untergang dazu bei, die Entstehungsgeschichte zweier großer Religionen aufzuhellen. In der Zeit seiner Vollkraft übte er einen nicht minder bemerkenswerten Einfluß auf die römische Gesellschaft und die römische Regierung aus. Vielleicht war Europa niemals, selbst nicht in der Epoche der mohammedanischen Invasionen, näher daran asiatisch zu werden als im 3. Jahrhundert unserer Ära; und es gab eine Zeit, in welcher der Cäsarismus anscheinend im Begriffe stand, sich in ein Khalifat zu verwandeln. Man hat oft auf die Ähnlichkeit hingewiesen, welche zwischen dem Hofe Diokletians und dem der Chosroës besteht. Der Sonnenkult und namentlich die mazdäischen Theorieen machten die Ideen populär, auf welche die vergötterten Herrscher ihren monarchischen Absolutismus zu gründen suchten. Die rapide Ausbreitung der persischen Mysterien in allen Klassen der Bevölkerung diente in bewunderungswürdiger Weise dem politischen Ehrgeiz der Kaiser. Eine Sturmflut von iranischen und semitischen Gedanken brach herein, welche fast alles verschlang, was der griechische oder römische Geist in mühevoller Arbeit aufgebaut hatte; und als sich die Überschwemmung endlich verlief, da ließ sie im Volksbewußtsein einen starken Niederschlag von orientalischen Vorstellungen zurück, der niemals wieder völlig verschwand.

Ich glaube damit zur Genüge gezeigt zu haben, inwiefern der Gegenstand, den ich zu behandeln versuchte, eine eingehendere Untersuchung verdiente. Obwohl mich das Studium desselben in jeder Beziehung viel weiter geführt hat, als ich anfangs vorauszusehen vermochte, so sind mir die Arbeits- und Reisejahre doch nicht leid, welche ich ihm widmen mußte. Daß die Aufgabe, welche ich zu lösen hatte, eine schwierige war, stellte sich bald genug heraus. Einerseits wissen wir nicht, in welchem Grade das Avesta und die anderen heiligen Bücher der Parsen den Vorstellungen der abendländischen Mazdäer entsprechen; anderseits steht uns fast nur dieser Kommentar zur Verfügung, wenn es sich darum handelt, die im Laufe der Zeit in erheblicher Anzahl gesammelten figürlichen Denkmäler zu erklären. Nur die Inschriften sind ein stets zuverlässiger Führer, aber ihr Inhalt ist, alles in allem, dürftig genug. Wir befinden uns ungefähr in derselben Lage, als wenn wir die Geschichte der mittelalterlichen Kirche schreiben sollten, ohne irgend eine andere Quelle zu besitzen als die hebräische Bibel und plastische Trümmer von romanischen und gotischen Portalen. Infolgedessen kann die Erklärung der mithrischen Darstellungen häufig nur einen mehr oder weniger hohen Grad von Wahrscheinlichkeit erreichen. Ich bilde mir nicht ein, es immer zu einer im strengen Sinne des Wortes exakten Entzifferung dieser Hieroglyphen gebracht zu haben, und will meinen Ansichten lediglich den Wert der Argumente beilegen, auf die sie sich stützen. Indessen hoffe ich die allgemeine Bedeutung der heiligen Bilder, welche die mithrischen Krypten schmückten, bestimmt fixiert zu haben. Die Einzelheiten ihrer gesuchten Symbolik sind allerdings schwer zu deuten, und oft muß man da die *ars nesciendi* üben.

Das vorliegende kleine Buch gibt die „Conclusions" wieder, welche den ersten Band meiner *Textes et monuments figurés aux mystères de Mithra* beschließen. Erleichtert um die Anmerkungen und Hinweise, welche ihnen zur Rechtfertigung dienen, beschränken sich diese Seiten auf eine resümierende Zusammenstellung dessen, was wir über den Ursprung und die Beschaffenheit der mithrischen Religion wissen. Sie werden für den Leser genügen, welcher sich über die Sache zu orientieren wünscht. Die Unklarheiten und Lücken der Überlieferung machten es unmöglich, allen Partieen dieser Rekonstruktion die gleiche Solidität zu geben. Wer die Stabilität der Grundlagen zu prüfen wünscht, auf denen sie beruht, wird zu den kritischen Auseinandersetzungen meiner „Introduction" greifen müssen, welche den Zweck haben, den Sinn und den Wert der schriftlichen Urkunden und namentlich der figürlichen Denkmäler zu bestimmen, welche in meiner Sammlung vereint sind.

Während der langen Vorbereitung dieses Werkes habe ich oft jene Solidarität in Anspruch nehmen müssen, welche in aller Welt die Männer der Wissenschaft verbindet, und selten habe ich mich vergeblich auf sie berufen. Das Entgegenkommen treuer Freunde, von denen mehrere nicht mehr am Leben sind, ist oft dem Ausdruck meines Wunsches vorangeeilt und hat mir von selbst dargeboten, was ich vielleicht nicht zu erbitten gewagt hätte. Im Text des Hauptwerkes habe ich jedem das Seine wiederzugeben versucht. Ich will hier keine Aufzählung meiner Mitarbeiter vornehmen und diese nicht scheinbar für ihre Gefälligkeit belohnen, indem ich ihnen banale Komplimente widme. Aber mit dem Gefühle tiefer Dankbarkeit erinnere ich mich der Dienste, welche sie mir seit mehr als zehn Jahren erwiesen haben, und am Ende meiner Arbeit angekommen gedenke ich aller, welche mir geholfen haben sie zu vollenden.

1. Dezember 1899.

Die vorliegende 2. Auflage, welche der ersten nach kurzer Zeit folgt, hat wenig Änderungen erfahren. Abgesehen von zwei oder drei Stellen ist der Text kaum modifiziert. Dagegen habe ich einige Anmerkungen hinzugefügt, welche auf neuerschienene Arbeiten verweisen, und eine Auswahl von Illustrationen beigegeben, die manche Ausführungen am besten erläutern. Die belangreichste Zugabe ist der Anhang über die mithrische Kunst; ich glaubte, daß diese archäologische Studie in einer Zeit, wo man sich viel mit den orientalischen Ursprüngen der römischen Kunst beschäftigt, wohl auf einiges Interesse rechnen dürfte.

Als Pflicht empfinde ich es, hier den Kritikern zu danken, welche meine Untersuchungen über die Mysterien des Mithra so wohlwollend beurteilt und freundlich anerkannt haben, daß diese Rekonstruktion einer untergegangenen Religion auf objektiver und vollständiger Interpretation der Quellen beruht. Bei der Dunkelheit der behandelten Materie waren Meinungsverschiedenheiten freilich nicht zu vermeiden, und meine bisweilen kühnen Schlußfolgerungen konnten manchen in mehr als einem Punkte irrig erscheinen. Ich habe diesen Zweifeln bei der Durchsicht meiner Arbeit Rechnung getragen; und wenn ich auch nicht immer glaubte meine Meinung ändern zu müssen, so habe ich doch die meiner Gegner stets zuvor sorgsam erwogen. In diesem Bändchen aber, wo jede Diskussion ausgeschlossen war, konnte ich meinen Standpunkt nicht verteidigen. Ich gebe zu, daß es heikel ist, einen Text ohne die Anmerkungen zu veröffentlichen, welche dazu bestimmt sind, jenen zu stützen, zu erklären und zu beschränken, aber ich hoffe, daß der Leser diesen unvermeidlichen Mangel nicht allzusehr fühlen wird.

1. Mai 1902.

Franz Cumont
Professor an der Universität Gent.

VORREDE DES HERAUSGEBERS.

Professor F. Cumonts große Monographie über die Mysterien des Mithra (*Textes et monuments figurés relatifs aux mystères de Mithra publiés avec une introduction critique.* Tome I: Introduction. Tome II: Textes et monuments. Bruxelles, H. Lamertin, 1899 und 1896. XXVIII, 377; VIII, 554 S. 4^0 mit 507 Textabbildungen, 9 Lichtdrucktafeln und 1 Karte) bedarf in Deutschland keiner Empfehlung mehr, seit u. a. so namhafte Gelehrte wie G. Wissowa (Deutsche Litteraturzeitung 1900, Sp. 1762—1764) und E. Schürer (Theologische Literaturzeitung 1900, Sp. 396—397) ihr die höchste Anerkennung gezollt und dabei auf die Wichtigkeit ihres Gegenstandes für Historiker und Theologen hingewiesen haben. Ein so umfangreiches und kostspieliges Werk kann jedoch naturgemäß immer nur auf einen beschränkten Leserkreis rechnen, zumal im Auslande. Aus diesem Grunde hatte der Herr Verf. selbst die „Conclusions", welche den 2. Teil des zuletzt erschienenen I. Bandes (p. 223—350) bilden und die Resultate seiner Forschungen zusammenfassen, ohne den wissenschaftlichen Beweisapparat in einer Sonderausgabe veröffentlicht (F. Cumont, *Les mystères de Mithra.* Bruxelles, H. Lamertin 1900. VIII, 84 S. 4^0 mit 1 Karte). Auf mein Ansuchen, eine deutsche Übersetzung dieser Sonderausgabe veranstalten zu dürfen, gingen der Herr Verf. und sein Verleger bereitwilligst ein, wobei mir jener zugleich in freundlichster Weise seine Hilfe anbot. Ehe noch der Druck meiner Arbeit begonnen hatte, erschien bereits die 2. französische Ausgabe jenes Auszugs, und zwar in etwas veränderter Gestalt (vgl. die Vorrede des Verf., S. VIII). Alles, was diese an Text und Anmerkungen mehr bot als die 1., ist auch in die deutsche Bearbeitung aufgenommen, wobei zugleich einige Druckfehler und Versehen des Originals verbessert werden konnten. Die geringfügigen Zusätze des Herausgebers beruhen fast ausnahmslos auf besonderer Vereinbarung mit dem Herrn Verf. und sind daher nicht als solche gekennzeichnet; nur den Verweis auf Baethgens Beiträge zur semitischen Religionsgeschichte (S. 71 Anm. 1) für solche, die sich näher über die dort genannte Gottheit zu informieren wünschen, habe ich allein zu verantworten. Die beigegebenen Abbildungen, welche sich in der Regel auf das Wichtigste beschränken, von diesem aber, wie ich hoffe, nichts vermissen lassen, sind mit wenigen Ausnahmen dem reichen Bilderschatze des Hauptwerkes entnommen und finden sich großenteils auch in der 2. französischen Ausgabe der *Mystères de Mithra*, die daneben noch andere Illustrationen bringt. Die Karte, welche vorzugsweise zum Gebrauch bei der Lektüre des 2. Kapitels bestimmt ist, habe ich mit Hilfe des Herrn Verf. an einigen Stellen verbessert; außerdem sind die nötigen sprachlichen Änderungen auf ihr vorgenommen, und endlich in ihrem Gradnetz der Pariser Null-Meridian durch den allgemeiner gebräuchlichen von Greenwich ersetzt. Wie sich Eigenart und Schicksal des Mithriacismus schon in dieser Karte abspiegelt, hat neuerdings A. Harnack gezeigt (Die Mission und Ausbreitung des Christentums in den ersten drei Jahrhunderten. Leipzig 1902, S. 534 ff.).

Sollte meine bescheidene Arbeit etwas dazu beitragen, die bedeutsamen Forschungen des verdienstvollen belgischen Gelehrten ihren wesentlichen Ergebnissen nach bei uns in weiteren Kreisen bekannt zu machen, so würde die von mir aufgewandte Mühe nicht vergeblich gewesen sein. Hat doch der Mithriacismus gerade in Deutschland besonders zahlreiche und interessante Spuren hinterlassen: hier hat man die meisten mithrischen Krypten und die größten Basreliefs zu Tage gefördert (vgl. S. 30 f.). Da das vorliegende Buch in der Hauptsache für jeden Gebildeten verständlich ist, so wendet es sich auch an solche Leser, die nicht Fachgelehrte sind, und wer z. B. durch H. St. Chamberlains geistreiches und scharf pointiertes Werk über Die Grundlagen des 19. Jahrhunderts Interesse an dem „Völkerchaos" gewonnen hat, welches der eherne Ring der römischen Legionen umschloß, der findet hier ein anschauliches Beispiel von den religiösen Vorstellungen und Motiven, welche damals Hirn und Herz der Massen erfüllten und beherrschten. Dem historisch und religionsphilosophisch geschulten Leser aber wird nicht entgehen, daß auch diese Einzelschilderung wieder an mehr als einer Stelle absichtslos den Beweis dafür liefert, daß man die Kenntnis der sogenannten primitiven Religionen gerade dann nicht entbehren kann, wenn man vor die Aufgabe gestellt wird, die religiösen Vorstellungen und Bräuche höherer Kulturstufen richtig zu deuten — eine Tatsache, die von manchen Seiten immer noch nicht genügend anerkannt und ebensowenig praktisch berücksichtigt wird. Daß der Anhang über die mithrische Kunst für Archäologie und Kunstgeschichte nicht ohne Belang sein dürfte, hat der Herr Verf. schon in seiner Vorrede bemerkt; ich möchte noch hinzufügen, daß m. E. von dem 3. Kapitel bezüglich des römischen Staatsrechts dasselbe gilt.

Schließlich habe ich die angenehme Pflicht zu erfüllen, dem Herrn Verf. auch an dieser Stelle für das lebhafte Interesse und die ausgiebige Unterstützung zu danken, welche er meiner Arbeit gewidmet hat, und ebenso dem Herrn Verleger B. G. Teubner für die Bereitwilligkeit, mit welcher er meinen Wünschen bezüglich der Ausstattung des Buches entgegengekommen ist.

Stellichte (Regbez. Lüneburg), 11. Febr. 1903.

Georg Gehrich
Pastor.

INHALT.

Erstes Kapitel.

Die Anfänge . . . . Seite 1—23

Mithra ist ein indo-iranischer Gott 1. — Die Hypothese einer Entlehnung aus Babel 2. — Der avestische Mithra 2. — Der Mithra der Achämeniden 7. — Die Verbreitung seines Kultus im persischen Reiche 9. — Mithra und die Diadochen 10. — Der Synkretismus der alexandrinischen Epoche 13. — Der Mazdaismus in Armenien 14 — in Kleinasien 14. — Kombinierung mit den griechischen Göttern 16. — Einfluß der griechischen Kunst und der stoischen Philosophie 17. — Festigkeit der Liturgie 18. — Der Mazdaismus nimmt die Form der Mysterien an 20. — Ankunft Mithras in Cilicien 23.

Zweites Kapitel.

Die Ausbreitung im römischen Reiche . . . 24—62

Mithra dringt nicht in die griechische Welt ein 24. — Seine Verbreitung im Abendlande 25. — Datum seiner Ankunft in Italien 27. — Sein Kultus wird durch die orientalischen Soldaten an den Grenzen verbreitet 29. — Seine Ausbreitung in Mösien 32 — in Dacien und Pannonien 33 — in Carnuntum 36 — in Rhätien 38 — in Germanien 38 — in Belgien 40 — in Britannien 41 — in Afrika und Spanien 42. — Einfluß der Veteranen 43. — Andere Faktoren: die syrische Diaspora 45. — Die orientalischen Sklaven 47. — Verbreitung des Mithriacismus in den Mittelmeerhäfen 47 — im Rhônetal 49. — Die Sklaven führen ihn in Italien ein 51 — ebenso in Noricum und Pannonien 53. — Die Beamten sklavischer Herkunft 54. — Verschiedene Ursachen der Ausbreitung des Kultus 56. — Die Provinzen, von denen er ausgeschlossen blieb 58. — Sein Erfolg in Rom 58. — Er gewinnt die oberen Stände der Gesellschaft für sich 60. — Die Schnelligkeit seiner Verbreitung 61.

Drittes Kapitel.
Mithra und die kaiserliche Gewalt . . . . . . 63—79

Der Mithriacismus ist nicht verfolgt 63. — Die rechtliche Stellung der Kollegien seiner Bekenner 64. — Die Gunst der Kaiser 65. — Ihre Ursachen: Theorieen über die Gottheit der Herrscher 66 — in Ägypten, bei den Persern und unter den Diadochen 68. — Das *Hvarenô* wird zur Τύχη βαcιλέωc 71 — und zur *Fortuna Augusti* 72. — Die Beinamen *pius*, *felix*, *invictus* und *aeternus* 73. — Das Feuer der Cäsaren und die Strahlenkrone 75. — Die Sonne und der Kaiser sind wesensgleich 76. — *Deus et dominus natus* 77. — Resultat 78.

Viertes Kapitel.
Die Lehre der Mysterien . . . . 80—110

Die Unmöglichkeit, die Entwicklung der mithrischen Theologie zu verfolgen 80. — Der höchste Gott ist die Unendliche Zeit 81. — Theogonie: die ursprüngliche Trias Himmel, Erde und Ozean oder Jupiter, Juno, Neptun 83. — Die anderen Götter Kinder des Jupiter und der Juno 84. — Ahriman und die Dämonen 85. — Die mithrische Kosmologie: der Kult der vier Elemente 86. — Die Allegorie der Quadriga 87. — Sonne und Mond 88. — Chaldäische Einflüsse 89. — Die Planeten und die Zeichen des Tierkreises 90. — Die himmlischen Hemisphären oder die Dioskuren und Atlas 92. — Die Lehre vom Schicksal: Astrologie und Superstition 92. — Die wohltätigen Götter 93. — Mithra, der Genius des Lichtes und μεcίτηc, wird in Babylon mit der Sonne identifiziert 95. — Die Trias Mithra,

Cautes und Cautopates 96. — Die mazdäische Legende: Geburt Mithras 97. — Legende von Mithra und der Sonne 98. — Legende von Mithra und dem Stier 98. — Die Schöpfung der Pflanzen und Tiere 99. — Das Menschengeschlecht von einer Dürre, einer Überschwemmung und einem Brande bedroht 100. — Festmahl und Himmelfahrt des Sol und des Mithra 101. — Die Beziehungen zwischen Mithra und dem Menschen 101. — Die Moral des Mithriacismus 102. — Mithra ist der Schutzpatron seiner Gläubigen 103. — Schicksal der Seele nach dem Tode 104. — Auferstehung des Fleisches und Weltbrand 106. — Ergebnisse 107.

Fünftes Kapitel.
Die Liturgie, der Klerus und die Gläubigen   111—131

Verlust der heiligen Bücher des Mithriacismus 111. — Festhalten am persischen Ritual 112. — Die sieben Weihegrade 112. — Ursprung der Verkleidungen in Tiere 113. — Die Diener und die Teilnehmer 115. — Die Väter 115. — Einweihungszeremonien, die Sakramente: mithrische Taufe, Firmelung und Kommunion 116. — Die Prüfungen 119. — Der Eindruck dieser Zeremonien 121. — Der Klerus 122. — Die tägliche Liturgie und die Feste 124. — Die mithrischen *sodalicia* 125. — Ihre Beamten und ihre Finanzen 126. — Die beschränkte Anzahl ihrer Mitglieder 128. — Ausschluß der Frauen 130.

Sechstes Kapitel.
Mithra und die Religionen des Kaiserreiches   132—159

Toleranz des Mithriacismus 132. — Seine Beziehungen zu den orientalischen Kulten: Isis, Jupiter Dolichenus 134. — Sein Bündnis mit der *Mater Magna* 135. — Das Taurobolium 136. — Die Theologie mündet in den solaren Synkretismus aus 138. — Sie entspricht damit der Philosophie und den politischen Tendenzen des Reiches 139. — Letzter Anlauf des Paganismus zum Monotheismus 140. — Der Kampf der Mithramysterien und des Christentums 142. — Ähnlichkeiten und Unterschiede in ihrer Ausbreitung 142. — Die Verwandtschaft ihrer Lehren 144. — Der Gegensatz ihrer Tendenzen 149. — Der Mithriacismus wird von den Kaisern unterstützt 151. — Die Bekehrung Constantins 152. — Die Restauration Julians 153. — Eine heftige Verfolgung folgt ihr 154. — Die römische Aristokratie bleibt Mithra treu 156. — Verschwinden seines Kultus 157. — Die Ideen, welche er hinterlassen hat; der Manichäismus ist sein Erbe 157.

Anhang.

Die mithrische Kunst . . . . 160—176

Die Bedeutung der mithrischen Bildwerke für die römische Kunstgeschichte 160. — Die Darstellung Mithras 161 — der Dadophoren 162. — Sorgfalt der Ausführung einzelner Monumente 162. — Die trostlose Mittelmäßigkeit der meisten 164 — wird durch ihre Bestimmung entschuldigt 164. — Fabrikation und Vertrieb der mithrischen Ex-voto 165. — Die großen Basreliefs als Proben der provinzialen Kunstübung in der Kaiserzeit 168. — Polychromie 168. — Die nordgallische Bildhauerschule und das Basrelief von Osterburken 169. — Die Herkunft der dargestellten Typen 171. — Der löwenköpfige Kronos 171. — Zweck der mithrischen Bildwerke 174. — Die Nachwirkungen der mithrischen Kunst und ihre Bedeutung für die altchristliche 175.

Berichtigung.

S. 10, Z. 15 und 22 statt Kappodocien lies Kappadocien.

ERSTES KAPITEL.
DIE ANFÄNGE.

Schon in der unbekannten Epoche, als die Vorfahren der Perser noch mit denen der Hindus vereint waren, beteten sie den Mithra an. Die Hymnen der Veden feiern seinen Namen wie die des Avesta, und trotz der Verschiedenheit der beiden theologischen Systeme, welche diesen Büchern zu Grunde liegen, haben der vedische Mitra und der iranische Mithra so viele ähnliche Züge behalten, daß man an der Gemeinsamkeit ihres Ursprungs nicht zu zweifeln vermag. Beide Religionen erblicken in ihm eine Lichtgottheit, welche zugleich mit dem Himmel angerufen wird, der dort Varuna, hier Ahura heißt; in moralischer Beziehung erkennen sie ihn als Schirmherrn der Wahrheit an, als Gegner der Lüge und des Irrtums. Aber die heilige Poesie Indiens hat von ihm nur eine halberloschene Erinnerung bewahrt. Nur ein einziges ziemlich farbloses Stück ist ihm besonders gewidmet. Er erscheint vor allem gelegentlich in Vergleichen, welche von seiner vergangenen Größe zeugen. Aber wenn auch seine Physiognomie in der Sanskritliteratur nicht ebenso deutlich hervortritt wie in den Zendschriften, so reicht doch diese Unbestimmtheit der Umrisse nicht dazu aus, um die ursprüngliche Identität seines Charakters zu verschleiern.

Nach einer neueren Theorie gehörte dieser Gott, den die europäischen Völker nicht kennen, auch nicht zu dem alten Pantheon der Aryas. Das Paar Mitra-Varuna und die fünf anderen von den Veden besungenen Adityas, ebenso wie Mithra-Ahura und die Amshaspands, welche den Schöpfer nach der avestischen Vorstellung umgeben, wären nichts anderes als die Sonne, der Mond und die Planeten, deren Kultus von den Indo-Iraniern einem benachbarten Volke entlehnt worden wäre, „welches ihnen in der Kenntnis des gestirnten Himmels überlegen war", d. h. aller Wahrscheinlichkeit nach den akkadischen oder semitischen Einwohnern Babyloniens.[1]) Aber diese vorausgesetzte Übernahme muß sich, falls sie tatsächlich stattgefunden hat, in prähistorischer Zeit vollzogen haben, und da wir es nicht versuchen wollen, das über jener Vergangenheit ruhende Dunkel zu lichten, so wird für uns die Feststellung genügen, daſs die Stämme Irâns vom Anfange ihrer Herrschaft bis zu ihrer Bekehrung zum Islâm niemals aufgehört haben, Mithra einen Kultus zu widmen.

Im Avesta ist Mithra der Genius des himmlischen Lichtes. Er erscheint vor Sonnenaufgang auf den felsigen Gipfeln der Berge; während des Tages durcheilt er auf seinem von vier weißen Rossen gezogenen Wagen die Räume des Firmaments, und wenn die Nacht herniedersinkt, so erleuchtet er noch mit einem ungewissen Schimmer die Oberfläche der Erde, „immer umsichtig, immer wachsam". Er ist weder die Sonne, noch der Mond, noch das Sternenheer, sondern mit Hülfe dieser „tausend Ohren und dieser

---

1) Oldenberg, *Die Religion des Veda*, 1894, p. 185.

zehntausend Augen" überwacht er die Welt. Mithra hört alles, sieht alles, er ist allwissend, niemand vermag ihn zu täuschen. Durch eine naheliegende Übertragung ist er in moralischer Beziehung der Gott der Wahrheit und der Rechtschaffenheit geworden, den man beim Schwur anruft, der die Verträge schützt und die Meineidigen straft.

Indem das Licht die Dunkelheit zerstreut, führt es die Freude und das Leben auf die Erde zurück; die Wärme, welche es begleitet, befruchtet die Natur. Mithra ist „der Herr der weiten Fluren", der sie fruchtbar macht. „Er gibt das Gedeihen, er gibt den Überfluß, er gibt die Herden, er gibt den Nachwuchs und das Leben." Er gießt die Wasser aus und läßt die Pflanzen sprießen; er verleiht dem, welcher ihn ehrt, die Gesundheit des Leibes, die Fülle des Reichtums und eine glücklich veranlagte Nachkommenschaft. Denn er ist nicht nur der Spender materieller Vorteile, sondern auch der der Eigenschaften der Seele. Er ist der freundliche Wohltäter, der zugleich mit dem Glücke den Frieden des Gewissens, Weisheit und Ruhm schenkt und Eintracht unter seinen Gläubigen herrschen läßt. Die daêvas, welche die Finsternis bevölkern, verbreiten auf Erden mit Unfruchtbarkeit und Leiden alle Laster und alle Unreinheit, Mithra, „wachend ohne Schlaf, schützt die Schöpfung Mazdas" gegen ihre Anschläge. Er bekämpft unermüdlich die Geister des Bösen, und die Frevler, welche diesen dienen, empfinden mit ihnen die furchtbaren Wirkungen seines Zorns. Von der Höhe seiner himmlischen Wohnung herab erspäht er seine Widersacher; bis an die Zähne bewaffnet stürzt er sich auf sie, zerstreut sie und schlachtet sie hin.

Er verwüstet und entvölkert die Häuser der Gottlosen, er vernichtet die Stämme und Nationen, welche ihm feindlich sind. Anderseits ist er der mächtige Verbündete seiner Gläubigen auf ihren Kriegszügen. Die Streiche ihrer Feinde „verfehlen ihr Ziel, weil der erzürnte Mithra kommt, um sie aufzufangen", und er sichert denen den Sieg, welche „fromm vom Guten unterwiesen, ihm pietätvoll huldigen und ihm die Libationen zum Opfer bringen".[1]

Dieser Charakter eines Gottes der Heere, welcher bei Mithra seit der Zeit der Achämeniden vorwaltet, hat sich ohne Zweifel schärfer ausgeprägt während der verworrenen Zeit, als die iranischen Stämme sich noch gegenseitig befehdeten; aber er ist im Grunde genommen nur ein Entwicklungsprodukt der uralten Vorstellung von einem Kampfe zwischen Tag und Nacht. Im allgemeinen ähnelt, wie bereits gesagt wurde, das Bild, welches uns das Avesta von der alten arischen Gottheit bietet, dem, welches die Veden in minder bestimmten Zügen von ihr entwerfen, und daraus folgt, daß der Mazdaismus ihre ursprüngliche Natur nicht wesentlich verändert hat.

Wenn aber die Zendhymnen die charakteristische Physiognomie des alten Lichtgottes noch durchschimmern lassen, so hat das zoroastrische System, indem es seinen Kult übernahm, seine Bedeutung in einzigartiger Weise reduziert. Um in den avestischen Himmel einzugehen, hatte er sich seinen Gesetzen beugen müssen. Die Theologie hatte Ahura-Mazda an die Spitze der himmlischen Hierarchie gestellt, und seitdem konnte sie jenen nicht mehr als eben-

---

[1] Zend-Avesta, Yasht X, passim.

bürtig anerkennen. Mithra wurde nicht einmal unter die sechs Amshaspands eingereiht, welche dem höchsten Gott die Welt regieren helfen. Man hat ihn mit der Mehrzahl der alten Naturgottheiten in die Schar der niederen Genien, der von Mazda geschaffenen Yazatas, verwiesen und ihn in Beziehung zu einigen der deifizierten Abstraktionen gebracht, welchen die Perser einen Kultus zu widmen gelernt hatten. Als Schirmherr der Krieger hat er zum Begleiter Verethraghna, den Sieg, erhalten; als Verteidiger der Wahrheit ist er verbunden mit dem frommen Sraosha, dem Gehorsam gegen das göttliche Gesetz, mit Rashnu, der Gerechtigkeit, Arshtât, der Redlichkeit, als Spender des Glücks wird er angerufen mit Ashi-Vañuhi, dem Reichtum, und mit Pâreñdî, der Fülle. In Begleitung von Sraosha und Rashnu schützt er die Seele des Gerechten gegen die Dämonen, welche sie in die Hölle zu stürzen suchen, und unter ihrem Schutze erhebt sie sich bis in das Paradies. Aus dieser iranischen Glaubensvorstellung ist die Lehre von der Erlösung durch Mithra hervorgegangen, welche wir in entwickelter Gestalt im Occident wieder antreffen werden.

In derselben Zeit wird sein Kultus einem strengen Ceremoniell unterworfen, wie es der mazdäischen Liturgie entspricht. Man soll ihm zum Opfer bringen „Kleinvieh und Grofsvieh und fliegende Vögel". Diese Opfer sollen eingeleitet oder begleitet werden von den gewöhnlichen Libationen von Haoma-Saft und der Recitation der vorgeschriebenen Gebete, mit dem Zweigbündel (*baresman*) in der Hand. Aber bevor er sich dem Altar nähern kann, muß der Gläubige sich durch wiederholte Waschungen und Geißelungen reinigen. Diese rigorosen Vorschriften erinnern an die Taufe und die körperlichen Proben, welche den römischen Mysten vor der Weihe auferlegt wurden.

So hatte man Mithra in das theologische System des Zoroastrismus aufgenommen, man hatte ihm einen passenden Platz in der Götterhierarchie angewiesen, man hatte ihm Begleiter von vollkommener Orthodoxie zugesellt, man brachte ihm einen Kult dar analog dem der anderen Genien. Aber seine starke Persönlichkeit hatte sich nur mit Mühe den strengen Regeln gefügt, welche ihr auferlegt worden waren, und in dem heiligen Texte findet man Spuren einer älteren Vorstellung, nach welcher er im iranischen Pantheon eine weit erhabenere Stellung einnahm. Mehrfach wird er mit Ahura in derselben Anrufung verbunden: die beiden Götter bilden ein Paar, denn das himmlische Licht und der leuchtende Himmel sind unzertrennlich in der Natur. Ferner, wenn gesagt wird, daß Ahura Mithra geschaffen habe wie alle Dinge, so hat er ihn doch ebenso groſs gemacht, als er selbst ist. Mithra ist zwar ein Yazata, aber er ist der stärkste, der ruhmreichste der Yazatas. „Ahura-Mazda hat ihn eingesetzt, die ganze bewegliche Welt zu hüten und über sie zu wachen."[1]) Durch Vermittlung dieses immer siegreichen Kriegers vertilgt das höchste Wesen die Dämonen und läßt es den Geist des Bösen, Ahriman, selbst erzittern.

Vergleichen wir diese Texte mit der berühmten Stelle, wo Plutarch[2]) uns die dualistische Lehre der Perser auseinandersetzt: Oromazdes tront in ewiger

---

1) Yasht X, 103.
2) Plut., *De Iside et Osiride*, 46—47 (*Textes et Monuments*, t. II, p. 33).

Klarheit „ebenso hoch über der Sonne, als die Sonne von der Erde entfernt ist", Ahriman regiert in der Nacht der Unterwelt, und Mithra nimmt eine mittlere Stellung zwischen ihnen ein. Der Anfang des Bundahish[1]) verkündet eine ganz ähnliche Theorie, nur daß an Stelle Mithras die Luft (Vayu) zwischen Ormuzd und Ahriman gesetzt wird. Der Unterschied, um den es sich hier handelt, ist jedoch nur ein formaler, denn nach iranischer Auffassung ist die Luft unauflöslich verbunden mit dem Licht, als dessen Trägerin sie gilt. Also ein höchster Gott, über den Gestirnen im Empyreum thronend, wo beständige Heiterkeit herrscht; unter ihm ein tätiger Gott, sein Botschafter, der Anführer der himmlischen Heere in ihrem ununterbrochenen Kampfe gegen den Gott der Finsternis, welcher aus der Tiefe der Hölle seine Daêvas auf die Oberfläche der Erde sendet — das ist die religiöse Vorstellung, welche, weit einfacher als die des Zoroastrismus, von den Untertanen der Achämeniden im Allgemeinen angenommen zu sein scheint.

Die hervorragende Rolle, welche die Religion der alten Perser Mithra zuerkannte, wird durch eine Fülle von Beweisen bezeugt. Nur mit der Göttin Anâhita zusammen wird er in den Inschriften des Artaxerxes neben Ahura-Mazda angerufen. Die Großkönige hegten sicherlich für ihn eine spezielle Verehrung und betrachteten ihn als ihren besonderen Protektor. Ihn nehmen sie zum Zeugen der Wahrheit ihrer Worte, ihn rufen sie an, wenn es in die Schlacht

---

1) West, *Pahlavi Texts*, I (= *Sacred Books of the East*, V) 1880, p. 3 ss.

geht. Ohne Zweifel sah man in ihm den, welcher den Monarchen den Sieg verlieh; er ließ auf sie, so dachte man, jenen geheimnisvollen Glanz herabkommen, welcher nach mazdäischem Glauben für die Fürsten, deren Autorität er heiligt, ein Unterpfand beständiger Erfolge ist.

Der Adel folgte dem Beispiel des Souverains. Die große Anzahl theophorer, mit dem des Mithra zusammengesetzter Namen, welche seit der ältesten Zeit von seinen Mitgliedern getragen wurde, beweist, daß die Verehrung für diesen Gott allgemein bei ihm war.

Einen bevorzugten Platz nahm Mithra im offiziellen Kultus ein. Im Kalender wurde ihm der siebente Monat geheiligt, und ohne Zweifel auch der sechzehnte Tag eines jeden Monats. Bei seinem Feste hatte, wenn man Ktesias[1]) glauben darf, der König das Privileg, ihm zu Ehren reiche Libationen darzubringen und die heiligen Tänze aufzuführen. Jedenfalls bot dieses Fest die Gelegenheit zu einem feierlichen Opfer und prunkvollen Ceremonien. Die Mithrakana waren in ganz Vorderasien berühmt, und zu Mihragân geworden sollten sie noch bis in die Gegenwart hinein im muselmänischen Persien zu Wintersanfang weiter gefeiert werden. Der Ruhm des Mithra breitete sich aus bis zu den Ufern des ägäischen Meeres: es ist der einzige iranische Gott, dessen Name im alten Griechenland populär gewesen ist, und diese Tatsache würde für sich allein schon beweisen, wie sehr er bei den Völkern des großen Nachbarreiches verehrt wurde.

---

1) Ktesias ap. Athen. X, 45 (*T. et Mon.* t. II, p. 10).

Die Religion, zu welcher sich der Monarch und die gesamte Aristokratie bekannte, die jenem half, sein weites Gebiet zu beherrschen, konnte nicht auf einige Provinzen seines Reichs beschränkt bleiben. Wir wissen, daß Artaxerxes Ochus der Göttin Anâhita in seinen verschiedenen Hauptstädten hatte Statuen errichten lassen, in Babylon, in Damaskus und Sardes ebensowohl wie in Susa, Ekbatana und Persepolis. Babylon namentlich, die Winterresidenz des Herrschers, war von einem zahlreichen offiziellen Klerus von „Magiern" bevölkert, welche den Vorrang vor den eingeborenen Priestern hatten. Die amtlich gesicherten Vorrechte, welche sie besaßen, sollten sie nicht dem Einfluß der mächtigen Priesterkaste entziehen, welche sich neben ihnen erhielt. Die gelehrte und spitzfindige Theologie der Chaldäer schlich sich in den primitiven Mazdaismus ein, welcher mehr eine Summe von Traditionen als ein organisches System wohldefinierter Lehren war. Die Legenden der beiden Religionen wurden einander näher gerückt, ihre Gottheiten identifiziert, und die semitische Astrolatrie, das monströse Produkt langer wissenschaftlicher Beobachtungen, begann sich über die naturalistischen Mythen der Iranier zu breiten. Ahura-Mazda wurde mit Bel verschmolzen, der über den Himmel herrscht, Anâhita der Ishtar assimiliert, welche den Planeten Venus regiert, und Mithra wurde die Sonne, Shamash. Dieser ist in Babylonien, wie Mithra in Persien, der Gott der Gerechtigkeit, wie jener erscheint er im Osten, auf dem Gipfel der Berge, und vollführt seinen täglichen Lauf auf einem glänzenden Wagen, wie er endlich gibt er den Kriegern den Sieg und ist er der Schirmherr der Könige. Die Umwandlung, welche die persischen Glaubensvorstellungen durch die semitischen Anschauungen erfuhren, war eine so durchgreifende, daß man viele Jahrhunderte später in Rom das wahre Vaterland des Mithra bisweilen an die Ufer des Euphrat verlegte. Nach Ptolemäus[1]) wurde dieser mächtige Sonnengott in allen Ländern verehrt, die sich von Indien bis nach Assyrien erstrecken.

Babylon war nur eine Etappe auf dem Siegeszuge des Mazdaismus. In sehr früher Zeit schon kamen die Magier quer durch Mesopotamien bis in das Herz Kleinasiens. Bereits unter den ersten Achämeniden siedelten sie sich, wie es scheint, massenhaft in Armenien an, wo die einheimische Religion allmählig vor der verschwand, welche sie mitbrachten, ebenso in Kappodocien, wo ihre Feueraltäre noch zur Zeit Strabos in großer Anzahl brannten. In einer sehr weit zurückliegenden Epoche drangen sie in Pontus, Galatien und Phrygien ein. Selbst in Lydien sangen ihre Nachkommen unter den Antoninen noch barbarische Hymnen in einem Heiligtum, dessen Gründung dem Cyrus zugeschrieben wurde. Diese Gemeinden sollten, in Kappodocien wenigstens, sogar den Sieg des Christentums überleben und sich bis in das 5. Jahrhundert unserer Zeitrechnung erhalten, ihre Sitten, ihre Bräuche und ihren Kultus von einer Generation auf die andere getreulich vererbend.

Es scheint, als hätte der Untergang des Reiches des Darius für diese weithin verstreuten und seither von ihrem Mutterlande getrennten Kolonien verhängnisvoll werden müssen. Tatsächlich jedoch war

---

1) Ptol., *Tetrabibl.* II, 2.

das Gegenteil der Fall, und die Magier fanden bei den Diadochen eine mindestens ebenso aufmerksame Fürsorge, als der Großkönig und seine Satrapen sie ihnen hatten angedeihen lassen. Nach der Zerstückelung des Alexanderreiches sah man in Pontus, in Kappadocien, in Armenien, in Kommagene Dynastien entstehen, welche selbstgefällige Genealogieen mit den Achämeniden zu verknüpfen trachteten. Mögen diese Häuser nun iranischer Abstammung gewesen sein oder nicht, ihre angenommene Herkunft machte es ihnen jedenfalls zur Pflicht, die Götter ihrer angeblichen Ahnen anzubeten. Im Gegensatz zu den griechischen Königen von Pergamon oder Antiochien repräsentierten sie die alten Überlieferungen in der Religion wie in der Politik. Diese Fürsten und die Magnaten, welche sie umgaben, setzten eine Art von Adelsstolz darein, die ehemaligen Herren Asiens in jeder Beziehung nachzuahmen. Ohne sich den übrigen Kulten ihres Landes irgendwie feindselig zu zeigen, wenden sie doch ihre besondere Gunst den Tempeln der mazdäischen Gottheiten zu. Oromazdes (Ahura-Mazda), Omanos (Vohumano), Artagnes (Verethraghna), Anaïtis (Anâhita) und noch andere empfingen ihre Huldigungen. Mithra namentlich war der Gegenstand ihrer Vorliebe; die Monarchen hatten für ihn eine in gewissem Maße persönliche Devotion, was der in allen diesen Familien häufige Name Mithradates beweist. Offenbar war Mithra für sie geblieben, was er für die Artaxerxes und die Darius war: der Gott, welcher dem Herrscher den Sieg schenkt, Manifestation und Garantie der legitimen Autorität.

Diese Ehrfurcht vor dem von sagenhaften Vorfahren ererbten Kultus, diese Überzeugung, daß

Frömmigkeit die Schutzwehr des Thrones und die Vorbedingung aller Erfolge ist, gelangt zu deutlichem Ausdruck in der pomphaften Inschrift[1]) auf dem monumentalen Grabe, welches Antiochus I. Epiphanes von Kommagene (69—34 v. Chr.) sich auf einem Vorsprunge des Taurus errichten ließ, von wo aus der Blick weit hinausschweift ins Euphrattal. Nur vermengt der König von Kommagene, der mütterlicherseits von den syrischen Seleukiden abstammte und durch seinen Vater ein Nachkomme des Darius, des Sohnes des Hystaspes, zu sein behauptete, die Erinnerungen seines doppelten Ursprungs miteinander und kombiniert persische und hellenische Götter und Riten, ebenso wie in seinem Hause der Name Antiochus mit dem des Mithridates wechselt.

In ähnlicher Weise erfuhren in den benachbarten Gegenden die iranischen Fürsten und Priester in verschiedenem Grade den Einfluß der griechischen Civilisation. Unter den Achämeniden hatte jede der zwischen dem Pontus Euxinus und dem Taurus wohnenden Völkerschaften dank der Toleranz der Centralgewalt ihre Lokalkulte wie ihre Sprache und ihre besonderen Sitten beibehalten dürfen. Aber in der großen Verwirrung, welche durch den Sturz des persischen Reiches hervorgerufen wurde, waren alle politischen und religiösen Schranken gefallen; verschiedenartige Rassen waren plötzlich miteinander in Berührung gekommen, und infolgedessen durchlebte Vorderasien damals eine ähnliche Periode des Synkretismus, wie wir sie besser unter der römischen Kaiserherrschaft beobachten können. Das Zusammen-

---

1) Michel, *Recueil inscr. gr.*, no. 735. Cf. *T. et M.*, t. II, p. 89, no. 1.

treffen aller Theologieen des Orients und aller Philosophieen Griechenlands erzeugte die überraschendsten Kombinationen, und die Konkurrenz zwischen diesen verschiedenen Anschauungen wurde äußerst lebhaft. Von den Magiern, welche von Armenien bis nach Phrygien und Lydien verstreut waren, traten ohne Zweifel damals viele aus der Zurückgezogenheit heraus, welche sie sich bisher auferlegt hatten, um zu einer aktiven Propaganda überzugehen, und wie zu gleicher Zeit den Juden gelang es ihnen, eine Anzahl von Proselyten um sich zu sammeln. Später von den christlichen Kaisern verfolgt, kehrten sie allerdings wie die Lehrer des Talmud zu ihrer früheren Exklusivität zurück und verschanzten sich hinter einem mehr und mehr unzugänglichen Rigorismus.

Jedenfalls erhielt während der Periode der moralischen und religiösen Gärung, welche eine Folge der macedonischen Eroberung war, der Mithriacismus seine nahezu endgültige Form. Als er sich im römischen Reiche verbreitete, war er bereits kraftvoll entwickelt. Sein dogmatisches System wie seine liturgischen Traditionen müssen seit dem Anbeginn seiner Ausbreitung fixiert gewesen sein. Leider können wir weder genau feststellen, in welcher Gegend, noch in welchem Zeitpunkt der Mazdaismus die Merkmale annahm, welche ihn in Italien kennzeichnen. Die Unkenntnis, in welcher wir uns bezüglich der religiösen Bewegungen befinden, die den Orient in der alexandrinischen Epoche heimsuchten, das fast vollständige Fehlen von direkten Zeugnissen für die Geschichte der iranischen Sekten während der ersten drei Jahrhunderte vor dem Anfang unserer Zeitrechnung, bilden das Haupthindernis, welches einer gesicherten Kenntnis der Entwicklung des Parsismus im Wege steht. Indessen sind wir wenigstens im stande, die wichtigsten Faktoren auszulösen, welche dazu mitgewirkt haben, den Kult der kleinasiatischen Magier umzugestalten, und dürfen den Versuch machen zu zeigen, wie in den einzelnen Gegenden wechselnde Einflüsse seine Eigenart in verschiedener Weise umgebildet haben.

In Armenien hatte sich der Mazdaismus mit den nationalen Glaubensvorstellungen des Landes und einem aus Syrien importierten semitischen Element verschmolzen. Mithra war eine der Hauptgottheiten der synkretistischen Theologie geblieben, welche unter diesem dreifachen Einflusse erwachsen war. Wie im Occident sahen die einen in ihm den Genius des Feuers, andere identifizierten ihn mit der Sonne, und fremdartige Legenden hatten sich an seinen Namen gehängt. Man erzählte, daß er dem blutschänderischen Verkehr Ahura-Mazdas mit seiner eigenen Mutter entsprossen sei, oder auch wohl, daß eine einfache Sterbliche ihn in die Welt gesetzt habe. Wir werden es uns erlassen, auf diese seltsamen Mythen und andere ähnliche näher einzugehen. Ihr Charakter ist grundverschieden von den Dogmen, welche bei den occidentalischen Anhängern des persischen Gottes in Geltung standen. Die eigenartige Mischung disparater Lehren, welche die Religion der Armenier ausmacht, scheint keine andere Beziehung zum Mithriacismus gehabt zu haben als eine teilweise Gemeinsamkeit des Ursprungs.

Im übrigen Kleinasien war die Umgestaltung des Mazdaismus bei weitem nicht so durchgreifend als in Armenien. Der Gegensatz zwischen den alteinheimischen Kulten und dem, dessen iranischer Herkunft seine Adepten mit Vorliebe sich erinnerten, hörte niemals auf sich bemerkbar zu machen. Die reine Lehre, deren Hüter die Feueranbeter waren, ließ sich schwer mit den Orgien versöhnen, die man zu Ehren des Liebhabers der Cybele feierte. Doch mußten sich während der langen Jahrhunderte, in denen die ausgewanderten Magier friedlich unter den eingeborenen Stämmen lebten, gewisse Annäherungen zwischen den religiösen Vorstellungen der beiden Rassen mit Notwendigkeit vollziehen. In Pontus bildet man Mithra zu Pferde ab wie Men, den auf der ganzen Halbinsel verehrten Mondgott. Anderswo bekleidet man ihn mit den bauschigen Anaxyriden, welche an die Verstümmelung des Attis erinnern. In Lydien ist das Paar Mithra-Anâhita zu Sabazius-Anaïtis geworden. Andere Lokalgottheiten konnten mit dem mächtigen Yazata identifiziert werden. Anscheinend haben die Priester dieser unkultivierten Länder sich bemüht, ihre populären Götter zu Äquivalenten der von den Fürsten und dem Adel angebeteten zu machen; aber wir kennen die Religionen dieser Länder zu schlecht, um sagen zu können, was sie dem Parsismus gegeben, und was sie von ihm empfangen haben, und konstatieren eine wechselseitige Beeinflussung, ohne ihren Umfang ermessen zu können. Diese Beeinflussung, so oberflächlich sie auch gewesen sein mag[1]), hat jedenfalls die intime

---

1) Jean Réville (*Études de theologie et d'hist. publ. en hommage à la faculté de Montauban*, Paris 1901, p. 336) ist geneigt, den kleinasiatischen Religionen bei der Bildung des Mithriacismus eine ziemlich bedeutende Rolle zuzuweisen; aber bei dem gegenwärtigen Stande unserer Kenntnisse ist es unmöglich, diese näher zu bestimmen.

Vereinigung zwischen den Mysterien des Mithra und denen der Großen Mutter angebahnt, welche im Abendlande zum Abschluß gelangen sollte.

Als sich infolge des Alexanderzuges die griechische Kultur über ganz Vorderasien verbreitete, drängte sie sich auch dem Mazdaismus auf, bis tief nach Baktriana hinein. Aber der Iranismus — wenn man sich dieses Ausdrucks bedienen darf — dankte niemals zu Gunsten des Hellenismus ab. Das eigentliche Irân erhielt bald seine moralische Autonomie wie seine politische Unabhängigkeit zurück, und die Widerstandskraft der persischen Überlieferungen gegenüber einer unter anderen Verhältnissen leicht vollzogenen Assimilation gehört überhaupt zu den charakteristischen Zügen der Geschichte der Beziehungen zwischen Griechenland und dem Orient. Doch wurden die Magier Kleinasiens, welche den großen Herden der abendländischen Kultur näher waren, auch intensiver von ihren Strahlen getroffen. Ohne sich von der Religion der fremden Eroberer absorbieren zu lassen, verbanden sich ihre Kulte mit jener. Um die barbarischen Vorstellungen mit den hellenischen zu vereinen, griff man zu dem alten Verfahren der Identifikation. Man ließ es sich angelegen sein zu zeigen, daß der mazdäische Himmel mit denselben Bewohnern bevölkert war wie der Olymp: Ahura-Mazda wurde als höchstes Wesen mit Zeus verschmolzen; Verethraghna, der siegreiche Held, mit Herakles; Anâhita, welcher der Stier geheiligt war, wurde zur Artemis Tauropolos, und man ging selbst so weit, daß man die Orestessage in ihre Tempel verlegte. Mithra, schon in Babel dem Shamash gleichgestellt, wurde natürlich mit Helios verbunden;

aber er wurde ihm keineswegs subordiniert, und sein persischer Name in der Liturgie niemals durch eine Übersetzung verdrängt wie der der übrigen in den Mysterien verehrten Gottheiten.

Die Synonymie, welche man zwischen Bezeichnungen herzustellen suchte, welche in Wirklichkeit nichts miteinander zu thun hatten, blieb nicht ein bloßes Spiel der Mythologen. Sie hatte die wichtige Folge, daß die vagen Personifikationen der orientalischen Phantasie die bestimmten Formen annahmen, in welche die griechischen Künstler die olympischen Götter gekleidet hatten. Vielleicht waren sie vorher niemals in menschlicher Gestalt dargestellt worden, oder wenn es Bilder von ihnen gab, Nachahmungen assyrischer Idole, so waren sie bizarr und plump. Indem man den mazdäischen Heroen den ganzen Zauber des hellenischen Ideals lieh, änderte man notgedrungen die Auffassung ihres Charakters, und indem man ihren ausländischen Typus abschwächte, machte man sie leichter annehmbar für die Occidentalen. Eine der unerläßlichsten Bedingungen für den Erfolg der fremden Religionen in der römischen Welt wurde erfüllt, als gegen das 2. Jahrhundert v. Chr. ein Bildhauer aus der Schule von Pergamon die ergreifende Gruppe des stiertötenden Mithra schuf, der ein allgemeines Herkommen seitdem den Ehrenplatz in der Apsis der *spelaea* vorbehielt.[1]

Nicht allein die Kunst ließ es sich angelegen sein zu mildern, was diese rohen Mysterien für Geister, die in der Schule Griechenlands gebildet waren, Abstoßendes haben mochten. Die Philosophie

---

1) Vgl. das letzte Kapitel.

suchte ihre Lehren mit ihren eigenen Ergebnissen zu vermitteln, oder vielmehr die asiatischen Priester strebten darnach, in ihren heiligen Traditionen die Theorien der philosophischen Schulen wiederzufinden. Keine dieser Schulen eignete sich besser für ein Bündnis mit der populären Frömmigkeit als die Stoa, und ihr Einfluß auf die Bildung des Mithriacismus war bedeutend. Eine alte von den Magiern gesungene Mythe wird von Dio Chrysostomus[1]) überliefert, weil man in ihr eine Allegorie der stoischen Kosmologie erblickte, und sehr viele andere persische Ideen sind so durch die pantheistischen Anschauungen der Schüler Zenos modifiziert worden. Die Denker gewöhnten sich mehr und mehr daran, in den Dogmen und rituellen Bräuchen der Orientalen die dunkelen Reflexe einer uralten Weisheit zu suchen, und diese Tendenz entsprach zu sehr den Ansprüchen und dem Interesse des mazdäischen Klerus, als daß er sie nicht nach bestem Vermögen hätte begünstigen sollen.

Obschon die philosophische Spekulation, indem sie den Glaubensvorstellungen der Magier eine Bedeutung beilegte, welche sie keineswegs besaßen, ihren Charakter veränderte, so wirkte sie doch im ganzen weit mehr konservativ als Neues produzierend. Gerade dadurch, daß sie den oft kindischen Legenden eine symbolische Bedeutung lieh, daß sie scheinbar absurden Bräuchen rationelle Erklärungen unterschob, trug sie dazu bei, ihr Fortbestehen zu sichern. War auch die theologische Grundlage der Religion merk-

---

1) Dio Chrys., *Or.*, XXXVI, § 39 ss. (*T. et M.*, t. II, p. 60, no. 461).

lich modifiziert, ihr liturgischer Rahmen blieb relativ fest, und die Umwandlung des Dogmas ging Hand in Hand mit dem Respekt vor dem Ritus. Der abergläubische Formalismus, von dem die minutiösen Vorschriften des Vendidâd zeugen, ist jedenfalls weit älter als die Epoche der Sassaniden. Die Opfer, welche die in Kappadocien angesiedelten Magier zur Zeit Strabos darbrachten, erinnern in allen Einzelheiten an die avestische Liturgie. Da fanden sich dieselben Gebete, welche man vor dem Feueraltar psalmodierte, mit dem heiligen Bündel (*baresman*) in der Hand, dieselben Oblationen von Milch, Öl und Honig, dieselben Vorsichtsmaßregeln, damit der Atem des Offizianten die göttliche Flamme nicht verunreinige. Die Inschrift des Antiochus von Kommagene zeigt in dem Reglement, welches sie vorschreibt, ein gleich treues Festhalten an den alten iranischen Gebräuchen. Der König rechnet es sich zum Ruhme an, daß er die Götter seiner Ahnen stets nach der alten Überlieferung der Perser und der Griechen geehrt habe, er will, daß die an dem neuen Tempel angestellten Priester die Priesterkleidung derselben Perser tragen, und daß sie dem alten heiligen Herkommen gemäß ihres Amtes warten sollen. Der 16. Tag jedes Monats, der besonders gefeiert werden soll, ist nicht nur der Geburtstag des Königs, sondern auch der, welcher von jeher speziell dem Mithra geheiligt war. Viel später noch verspottet ein anderer Kommagener, Lucian von Samosata, an einer Stelle, wo er sich offenbar auf Gebräuche bezieht, die er in seinem Vaterlande hatte beobachten können, die wiederholten Reinigungen, die endlosen Gesänge und den langen medischen Rock der Anhänger des

Zarathuštra.[1]) Bei einer anderen Gelegenheit tadelt er an ihnen, daß sie nicht einmal griechisch verstünden und ein unverständliches Kauderwelsch redeten.[2])

Der konservative Geist der kappadocischen Magier, der sie an ihre uralten, von einer Generation auf die andere überlieferten Bräuche band, verleugnete sich auch nicht nach dem Siege des Christentums, und St. Basilius[3]) bezeugt sein Fortbestehen noch am Ende des vierten Jahrhunderts. Selbst in Italien behielten die Mysterien sicherlich immer einen großen Teil der rituellen Formen, welche der Mazdaismus in Kleinasien seit unvordenklicher Zeit angenommen hatte.[4]) Die Hauptneuerung bestand darin, daß man das Persische als liturgische Sprache durch das Griechische und später vielleicht durch das Lateinische ersetzte. Diese Reform setzt die Existenz von heiligen Büchern voraus; und wahrscheinlich hatte man seit der alexandrinischen Epoche die ursprünglich mündlich überlieferten Gebete und Gesänge schriftlich fixiert, aus Besorgnis, die Erinnerung an sie möchte verloren gehen. Aber diese notwendige Anpassung an neue Verhältnisse wird den Mithriacismus nicht daran gehindert haben, bis zum Schluß ein wesentlich persisches Ceremoniell festzuhalten.

Der griechische Name „Mysterien", welchen die Schriftsteller dieser Religion beilegen, darf keine Täuschung hervorrufen. Nicht nach dem Vorbilde

---

1) Luc., *Menipp.*, c. 6 ss. (*T. et M.*, t. II, p. 22).
2) Luc., *Deor. conc.*, c. 9, *Jup. Trag.*, c. 8, c. 13 (*T. et M.*, ibid.).
3) Basil., *Epist. 238 ad Epiph.* (*T. et M.*, t. I, p. 10, no. 3). Cf. Priscus fr. 31 (I, 342 *Hist. min.* Dind.).
4) Cf. unten Kap. V.

der hellenischen Kulte gründeten ihre Adepten ihre geheimen Gesellschaften, deren esoterische Lehre nur in einer Reihenfolge von abgestuften Weihen enthüllt wurde. In Persien selbst bildeten die Magier eine abgeschlossene Kaste, die in mehrere Unterabteilungen geschieden gewesen zu sein scheint. Diejenigen, welche sich inmitten fremder Rassen mit anderer Sprache und anderen Sitten niederließen, verheimlichten der profanen Menge noch eifersüchtiger ihren ererbten Glauben. Die Kenntnis dieser Geheimnisse gab ihnen selbst das Bewußtsein moralischer Überlegenheit und sicherte ihnen den Respekt der unwissenden Völkerschaften, die sie umgaben. Wahrscheinlich war das mazdäische Priestertum anfangs in Kleinasien wie in Persien das Erbteil eines Stammes, in welchem es vom Vater auf den Sohn überging, dann verstand man sich dazu, die geheimgehaltenen Dogmen Fremden nach einer Einweihungsceremonie mitzuteilen, und diese Proselyten wurden nach und nach zu den verschiedenen Ceremonien des Kultus zugelassen. Die iranische Diaspora ist in dieser Hinsicht wie in mancher anderen mit der jüdischen zu vergleichen. Die Sitte unterschied bald verschiedene Kategorien von Neophyten, welche schließlich eine bestimmte Hierarchie bildeten. Aber die vollständige Kenntnis der Glaubenslehren und der heiligen Gebräuche blieb stets ein seltenes Privilegium, und die mystische Wissenschaft erschien um so kostbarer, je verborgener sie war.

Alle originellen Riten, welche den mithrischen Kultus unter den Römern auszeichnen, gehen sicherlich bis auf seine asiatischen Anfänge zurück: die bei gewissen Ceremonien üblichen Verkleidungen in Tiere sind ein Überlebsel eines ehemals weit verbreiteten und noch heutigen Tages nicht verschwundenen prähistorischen Brauches; die Gewohnheit, dem Gotte die Höhlen der Berge zu weihen, ist ohne Zweifel eine Erbschaft aus der Zeit, als man noch keine Tempel baute; die grausamen Proben, welche den Geweihten auferlegt wurden, erinnern an die blutigen Verstümmelungen, welche die Diener der Mâ und der Cybele verübten. Ebenso können die Legenden, deren Held Mithra ist, nur in einer Zeit des Hirtenlebens erdichtet worden sein. Diese uralten Überlieferungen einer noch primitiven und rohen Kulturstufe bestanden in den Mysterien neben einer subtilen Theologie und einer sehr erhabenen Moral.

Die Analyse der konstitutiven Elemente des Mithriacismus zeigt uns, wie der geologische Durchschnitt eines Terrains, die durch successive Ablagerung entstandene Schichtenbildung der Gesamtmasse. Die Grundlage dieser Religion, ihre unterste und wichtigste Schicht ist der Glaube des alten Irân, aus dem sie ihren Ursprung herleitet. Über dieses mazdäische Substrat hat sich in Babylonien ein starkes Sediment von semitischen Lehren gelagert, dann haben in Kleinasien die Lokalreligionen einige Anschwemmungen hinzugefügt. Endlich ist eine dichte Vegetation von hellenischen Ideen auf diesem fruchtbaren Boden erwachsen, welche unserem forschenden Auge seine wahre Natur zum Teil verbirgt.

Dieser zusammengesetzte Kult, in welchem sich so viele heterogene Elemente amalgamiert hatten, ist der adaequate Ausdruck der komplexen Zivilisation, welche in der alexandrinischen Zeit in Armenien, Kappadocien und Pontus blühte. Wenn Mithridates

Eupator seine ehrgeizigen Träume hätte verwirklichen können, so würde dieser hellenisierte Parsismus zweifellos die Staatsreligion eines gewaltigen asiatischen Reiches geworden sein. Der Lauf seiner Geschicke änderte sich durch den Sturz des großen Gegners Roms. Die Trümmer der pontischen Heere und Flotten, die durch den Krieg versprengten und aus dem ganzen Orient herbeigeeilten Flüchtlinge verbreiteten die iranischen Mysterien bei jenem Piratenvolk, welches im Schutz der cilicischen Berge kraftvoll heranwuchs. Mithra faßte festen Fuß in dieser Gegend, wo Tarsus ihn noch beim Untergang des Reiches verehrte (Fig. 1). Auf seine kriegerische Religion gestützt, versuchte dieser Staat von Abenteurern dem römischen Koloß die Herrschaft über die Meere streitig zu machen. Ohne Zweifel betrachtete er sich als die Nation, welche dazu berufen sei, dem Kult des unbesiegbaren Gottes zum Siege zu verhelfen. Auf seinen Beistand vertrauend, plünderten die kühnen Seeleute furchtlos die angesehensten Heiligtümer Griechenlands und Italiens, und die lateinische Welt hörte damals zum ersten Male den Namen des barbarischen Gottes. der bald ihre Anbetung fordern sollte.

Fig. 1. Stiertötender Mithra. Medaille von Tarsus.

ZWEITES KAPITEL.
DIE AUSBREITUNG IM RÖMISCHEN REICHE.

Im allgemeinen kann man sagen, daß Mithra von der hellenischen Welt immer ausgeschlossen blieb. Die alten griechischen Schriftsteller reden von ihm nur als von einem fremden, von den Perserkönigen verehrten Gott. Selbst während der alexandrinischen Periode stieg er nicht von der kleinasiatischen Hochebene an die Küsten Ioniens herab. In allen Ländern, welche das ägäische Meer bespült, erinnert uns lediglich eine späte Weihinschrift des Piräus an seine Existenz, und vergeblich würde man seinen Namen unter den zahlreichen ausländischen Gottheiten suchen, welche im 2. Jahrhundert vor unserer Zeitrechnung in Delos verehrt wurden. Unter dem Kaiserreich findet man allerdings Mithraeen in gewissen Häfen an der phönizischen und ägyptischen Küste, bei Aradus, in Sidon, in Alexandrien; aber diese isolierten Denkmäler lassen die Abwesenheit jeglicher Spur der Mysterien im Innern des Landes um so mehr hervortreten. Die neuerdings erfolgte Entdeckung eines Mithratempels in Memphis scheint die Ausnahme zu bilden, welche die Regel bestätigt, denn der mazdäische Genius hat in dieser alten Stadt vermutlich nur bei den Römern Eingang gefunden. Er wird bisher in keiner einzigen Inschrift Ägyptens oder Syriens erwähnt, und es liegt noch nicht einmal ein Beweis dafür vor, daß man ihm in der Hauptstadt der Seleuciden Altäre errichtet hat. In diesen halborientalischen Reichen scheint die mächtige Organisation des einheimischen Klerus und die glühende Verehrung des Volkes für seine nationalen Götter das Vorrücken des Eindringlings gehindert und seinen Einfluß paralysiert zu haben.

Eine charakteristische Tatsache beweist, daß der iranische Yazata niemals zahlreiche Anhänger in hellenischen oder hellenisierten Ländern gewonnen hat. Die griechische Onomatologie, welche uns eine Reihe von theophoren Namen liefert, die an die Beliebtheit erinnern, deren sich die phrygischen und ägyptischen Gottheiten erfreuten, hat Menophilos und Metrodotos, Isidoros und Serapion keinen Mithrion, Mithriocles, Mithrodoros oder Mithrophilos gegenüberzustellen. Alle Derivate von Mithra sind barbarischer Bildung. Während die thracische Bendis, die asianische Cybele, der Serapis der Alexandriner, selbst die syrischen Baale in den Städten Griechenlands allmählich eine günstige Aufnahme fanden, erwies sich dieses niemals gastfreundlich gegenüber dem Schutzgott seiner alten Feinde.

Sein Fernbleiben von den großen Centren der antiken Kultur erklärt die späte Ankunft des Mithra im Occident. In Rom erwies man der Magna Mater von Pessinus offizielle Verehrung seit dem Jahre 204 v. Chr.; Isis und Serapis erschienen dort im ersten Jahrhundert vor unserer Zeitrechnung, und lange vorher zählten sie eine Menge von Anbetern in Italien. Die karthagische Astarte hatte in der

Hauptstadt einen Tempel seit dem Ende der Punischen Kriege; die kappadocische Bellona seit der Zeit Sullas; die Dea Syria von Hierapolis seit dem Beginn der Kaiserzeit, während die persischen Mysterien dort noch vollständig unbekannt waren. Und doch waren diese Gottheiten nur die eines Volkes oder einer Stadt, wohingegen die Herrschaft des Mithra sich vom Indus bis zum Pontus Euxinus erstreckte.

Aber dies Gebiet lag noch zur Zeit des Augustus fast gänzlich außerhalb der Grenzen des römischen Reiches. Die zentrale Hochebene Kleinasiens, welche sich lange Zeit der hellenischen Zivilisation widersetzte, blieb der römischen Kultur noch mehr verschlossen. Dieses mit Steppen, Wäldern und Weiden bedeckte, von schroffen Abhängen umgebene Hochland, dessen Klima noch rauher als das Germaniens war, hatte für den Bewohner der Mittelmeerküsten wenig Anziehendes; und die einheimischen Dynastieen, welche dort noch unter den ersten Cäsaren bestanden, schützten es, obgleich sie zu Vasallen der letzteren geworden waren, in seiner jahrhundertelangen Isolierung. Freilich war Cilicien seit dem Jahre 102 v. Chr. zur römischen Provinz erklärt, aber man besetzte damals nur einige Küstenpunkte, und die Eroberung des Landes wurde erst beinahe zwei Jahrhunderte später vollendet. Kappadocien wurde erst unter Tiberius einverleibt, der Westen von Pontus unter Nero, Kommagene und Kleinarmenien endgültig unter Vespasian. In dieser Zeit erst knüpften sich zusammenhängende und unmittelbare Beziehungen zwischen jenen entlegenen Gegenden und dem Occident an. Die Bedürfnisse der Verwaltung und die Organisation der Verteidigung, die Versetzungen der

Gouverneure und Offiziere, der Wechsel der Prokuratoren und der fiskalischen Beamten, die Aushebungen der Infanterie- und Kavallerietruppen, die Besetzung der Euphratgrenze mit drei Legionen bedingten einen unaufhörlichen Austausch von Menschen, Produkten und Ideen zwischen diesen bisher unzugänglichen Bergen und den europäischen Provinzen. Dann kamen die großen Feldzüge des Trajan, des Lucius Verus und des Septimius Severus, die Unterwerfung Mesopotamiens und die Gründung zahlreicher Kolonien in Osrhoëne und bis nach Ninive hin, welche gleichsam die Ringe einer Kette bilden, die Irân mit dem Mittelmeer verband. Diese aufeinanderfolgenden Annexionen der Cäsaren waren die erste Ursache der Verbreitung der mithrischen Religion in der lateinischen Welt. Unter den Flaviern beginnt sie sich in ihr auszudehnen und unter den Antoninen und den Severern entwickelt sie sich auf dem neugewonnenen Boden weiter, gerade wie ein anderer Kult, der neben ihr in Kommagene gepflegt wurde: der des Jupiter Dolichenus, welcher gleichzeitig mit ihr die Reise in das römische Reich antrat.

Nach Plutarch[1]) würde Mithra allerdings viel früher in Italien eingedrungen sein. Die Römer wären in seine Mysterien durch die von Pompejus besiegten cilicischen Seeräuber eingeweiht. Dieser Bericht hat nichts Unwahrscheinliches. Wir wissen, daß sich die erste jüdische Gemeinde, welche sich *trans Tiberim* ansiedelte, großenteils aus den Nachkommen der Gefangenen zusammensetzte, welche derselbe Pompejus nach der Eroberung Jerusalems

---

1) Plut., *Vit. Pomp.*, 24 (*T. et M.*, t. II, p. 35 d).

(63 n. Chr.) mitgebracht hatte. Dieser besondere Umstand läßt es daher als möglich erscheinen, daß der persische Gott schon seit dem Ende der Republik einige Gläubige in der gemischten Bevölkerung der Hauptstadt gefunden hat. Aber in der Menge der Bruderschaften verschwindend, welche fremde Riten ausübten, fand die kleine Gruppe seiner Verehrer keine Beachtung. Der Yazata teilte die Geringschätzung, mit welcher man den ihn anbetenden Asiaten begegnete. Die Einwirkung seiner Anhänger auf die Masse der Bevölkerung war fast ebenso belanglos als die der buddhistischen Gemeinschaften im modernen Europa.

Erst am Ende des ersten Jahrhunderts beginnt Mithra in Rom von sich reden zu machen. Als Statius den ersten Gesang der Thebaïs schrieb, um das Jahr 80 n. Chr., hatte er bereits die typischen Darstellungen des stiertötenden Heros gesehen[1]), und aus dem Zeugnis Plutarchs geht hervor, daß zu seiner Zeit (46—125 n. Chr.) die mazdäische Sekte im Abendlande schon einigermaßen bekannt war.[2]) Dieser Schluß wird durch die epigraphischen Urkunden bestätigt. Die älteste Weihinschrift an Mithras, welche wir besitzen, ist eine zweisprachige Inschrift von einem Freigelassenen der Flavier (69—96 n. Chr.). Bald darauf wird ihm eine Marmorgruppe gewidmet von einem Sklaven des T. Claudius Livianus, der Präfekt des Prätoriums unter Trajan war, im Jahre 102. Fast um dieselbe Zeit muß der unbesiegbare Gott in Mittelitalien eingedrungen sein. In Nersae, im Äquerlande hat

---

1) Stat., *Theb.*, I, 717: *Persei sub rupibus antri Indignata sequi torquentem cornua Mithram.*
2) Plut., *l. c.*

man einen Text aus dem Jahre 172 zu Tage gefördert, welcher bereits von einem „infolge seines Alters eingestürzten" Mithraeum spricht. Das Erscheinen des Fremdlings im Norden des Reichs ist ebenfalls beinahe in dieselbe Zeit zu verlegen. Es ist kaum zu bezweifeln, daß die XV. Legion die Mysterien seit dem Anfang der Regierung Vespasians in Carnuntum an der Donau eingeführt hat; und wir stellen fest, daß sie um das Jahr 148 bei den Truppen Germaniens gefeiert wurden. Unter den Antoninen, namentlich seit der Regierung des Commodus, mehren sich die Spuren ihres Vorhandenseins in allen Ländern. Am Ende des 2. Jahrhunderts feierte man sie in Ostia in wenigstens vier Tempeln.

Wir können weder daran denken, alle Städte aufzuzählen, in denen der asiatische Kultus Wurzeln schlug, noch untersuchen, welche Gründe in jedem einzelnen Falle seine Einführung erklären. Trotz ihrer Fülle unterrichten uns die epigraphischen Texte und die figürlichen Denkmäler nur sehr unvollkommen über die Lokalgeschichte des Mithriacismus. Es ist uns nicht möglich, die Fortschritte seiner Ausbreitung zu verfolgen, die konkurrierenden Einflüsse der verschiedenen Bekenntnisse zu unterscheiden und zu beobachten, wie das Werk der Bekehrung sich fortsetzte von Stadt zu Stadt, von Provinz zu Provinz. Alles, was wir tun können, beschränkt sich darauf, in großen Zügen anzugeben, in welchen Gegenden der neue Glaube sich verbreitet hat, und welches im allgemeinen die Apostel gewesen sind, die ihn dort verkündigt haben.

Der Hauptfaktor seiner Ausbreitung ist jedenfalls das Heer. Die mithrische Religion ist vor allem die der Soldaten, und nicht ohne Grund hat man den Eingeweihten eines gewissen Grades den Namen *milites* gegeben. Dieser Einfluß des Heeres könnte schwer verständlich erscheinen, wenn man daran denkt, daß die Legionen unter den Cäsaren in festen Lagern untergebracht waren, und daß wenigstens seit Hadrian sich jede aus der Provinz rekrutierte, in welcher ihre Garnison lag. Aber diese allgemeine Regel erlitt zahlreiche Ausnahmen. So haben die Asiaten lange Zeit hindurch in ausgiebigem Maße dazu beigetragen, die Effektivbestände der Truppen in Dalmatien oder Mösien und, während einer bestimmten Periode, auch derer in Afrika herzustellen. Ferner wurde der Soldat, welcher nach einigen Dienstjahren in seinem Geburtslande zum Centurio befördert war, gewöhnlich in eine fremde Garnison versetzt, und oft wies man ihm jedesmal, wenn er einen neuen von den verschiedenen Graden dieser Charge erhielt, auch ein neues Standquartier an, so daß die Gesamtheit der Centurionen einer Legion „gleichsam einen Mikrokosmos des Reiches" bildete.[1] So wurden sie für die Ausbreitung des Mithriacismus von wesentlicher Bedeutung, denn schon ihre Stellung allein sicherte diesen Subalternoffizieren einen beträchtlichen moralischen Einfluß auf die Rekruten, mit deren Ausbildung sie betraut waren. Abgesehen von dieser individuellen Propaganda, die uns fast vollständig verborgen bleibt, haben die provisorischen oder definitiven Verlegungen einzelner Abteilungen oder selbst ganzer Regimenter in oft weit entfernte Festungen oder Lager Menschen jeder Rasse und

---

[1] Jung, *Fasten der Provinz Dacien*, 1894, p. XIV.

jedes Glaubens miteinander zusammengeführt und vermischt. Endlich fand man überall neben den Legionssoldaten, römischen Bürgern, eine gleiche, wenn nicht größere Zahl von fremden *auxilia*, welche nicht, wie die erstgenannten, das Vorrecht besaßen, in ihrem Vaterlande zu dienen. Im Gegenteil suchte man diese Ausländer aus ihrem Stammlande zu entfernen, um Erhebungen vorzubeugen. So bildeten unter den Flaviern die einheimischen *alae* oder Kohorten nur einen sehr geringen Bruchteil der Hülfstruppen, welche die Rhein- und die Donaugrenze bewachten.

Unter den Leuten, die man von auswärts berief, um die in die Ferne gesandten Landeskinder zu ersetzen, befanden sich eine Masse von Asiaten, und vielleicht hat kein anderes Land des Orients im Vergleich zu seiner territorialen Ausdehnung Rom mehr Rekruten geliefert als Kommagene, wo der Mithriacismus tiefe Wurzeln geschlagen hatte. Außer Reitern und Legionssoldaten hob man in dieser Landschaft, wahrscheinlich seit der Zeit ihrer Vereinigung mit dem Kaiserreiche, wenigstens sechs Kohorten Bundesgenossen aus. Zahlreich waren auch die Soldaten, aus Kappadocien, Pontus und Cilicien, um nicht zu reden von den Syrern jeder Abkunft, und die Kaiser trugen kein Bedenken, selbst jene leichtbeweglichen Schwadronen parthischer Kavallerie einzureihen, deren kriegerische Fähigkeiten sie zu ihrem Nachteil kennen gelernt hatten.

Der römische Soldat war im allgemeinen fromm und selbst abergläubisch. Die Gefahren, denen sein Beruf ihn aussetzte, ließen ihn beständig den Schutz des Himmels suchen, und eine unberechenbare Anzahl von Weihinschriften zeugt zugleich von der Lebendigkeit seines Glaubens und der Mannigfaltigkeit seiner religiösen Vorstellungen. Namentlich die Orientalen, für zwanzig Jahre und länger in ein Land versetzt, wo alles ihnen fremd war, hielten pietätvoll die Erinnerung an ihre nationalen Götter fest. Sobald sie Mittel und Wege dazu fanden, schlossen sie sich zusammen, um ihnen einen Kultus zu widmen. Sie empfanden das Bedürfnis, sich jenen „Herrn" (Ba'al) zu versöhnen, dessen Zorn sie als Kinder fürchten gelernt hatten. Auch gab dies ihnen eine willkommene Gelegenheit, sich regelmäßig zu versammeln und unter dem trüben Himmel des Nordens ihrer fernen, sonnigen Heimat zu gedenken. Aber ihre Bruderschaften waren nicht exklusiv; gern gewährten sie Waffengenossen jeder Abstammung Zutritt, denen die offizielle Religion des Heeres nicht genügte, und die von dem fremden Gotte wirksamere Hülfe in der Schlacht, oder, wenn sie fielen, ein seligeres Los in jenem Leben zu erlangen hofften. Wenn dann diese Neophyten den Anforderungen des Dienstes oder den Notwendigkeiten des Krieges gemäß in andere Garnisonen versetzt wurden, so wandelten sie sich dort aus Bekehrten in Missionare und umgaben sich mit einer neuen Schar von Proselyten. So haben sich die Mysterien des Mithra, nachdem sie von halbbarbarischen Rekruten aus Kappadocien oder Kommagene nach Europa gebracht waren, mit reißender Schnelligkeit bis an die Enden der antiken Welt verbreitet.

Von den Ufern des Pontus Euxinus bis zu den Bergen Schottlands und dem Rande der Sahara, die ganze ehemalige römische Grenze entlang, finden sich mithrische Monumente in Fülle. Nieder-Mösien, welches erst seit einigen Jahren durchforscht wird, hat deren schon eine ziemliche Menge geliefert, was nichts Erstaunliches hat, wenn man weiß, daß dort orientalische Kontingente die ungenügende Zahl der Rekruten ergänzten, welche die Provinz stellte. Um von dem Hafen Tomi zu schweigen, pflegten die Legionare den persischen Kultus in Troësmis, in Durostorum und in Oescus an den Ufern der Donau, ebenso in *Tropaeum Traiani*, welches die Entdeckung des Monuments von Adam-Klissi neuerdings berühmt gemacht hat. Im Innern des Landes hatte er sich in Montana und in Nikopolis angesiedelt, und ohne Zweifel war er von diesen Städten aus südwärts über den Balkan vorgedrungen, um sich in Nord-Thracien auszubreiten, namentlich in der Gegend von Serdica (Sofia) und bis zur Umgebung von Philippopolis im Hebrustal. Nach der entgegengesetzten Seite, dem Lauf der Donau stromaufwärts folgend, faßte er Fuß in Viminacium, der Hauptstadt von Ober-Mösien, aber wir vermögen nicht zu beurteilen, welche Ausdehnung er in dieser noch mangelhaft bekannten Gegend erreichte. Das Kriegsgeschwader, welches auf dem großen Strome kreuzte, wurde mit Ausländern bemannt und sogar von solchen befehligt, und dieses hat zweifellos die asiatische Religion nach allen seinen Anlegeplätzen verpflanzt.

Besser sind wir über die Umstände ihrer Einführung in Dacien unterrichtet. Als Trajan im Jahre 107 n. Chr. dieses barbarische Königreich dem römischen Reiche einverleibte, war das Land, durch sechs Jahre hartnäckiger Kämpfe erschöpft, kaum mehr als eine Wüste. Um es wieder zu bevölkern, brachte der Kaiser, wie uns Eutropius[1]) erzählt, massenhaft Kolonisten „*ex toto orbe Romano*" dorthin. Die Bevölkerung dieser Landschaft war im zweiten Jahrhundert noch gemischter als heute, wo alle Rassen Europas sich dort stoßen und zanken. Abgesehen von den Resten der alten Dacier fand man dort nebeneinander Illyrier und Pannonier, Galater, Karier und Asiaten, Leute aus Edessa und Palmyra und noch andere, welche sämtlich in der neuen Heimat die Kulte ihres Vaterlandes auszuüben fortfuhren. Aber keiner dieser Kulte gedieh dort so gut als die Mysterien des Mithra, und man erstaunt über den wunderbaren Aufschwung, den diese hier während der hundertundfünfzig Jahre nahmen, welche die römische Herrschaft in dieser Gegend währte. Sie blühten nicht nur in der Hauptstadt der Provinz, Sarmizegetusa, und in den Städten, welche in der Nähe der Lager erwuchsen, wie Potaïssa und namentlich Apulum, sondern in dem ganzen Bereiche des occupierten Landes. Während man in Dacien meines Wissens nicht die geringste Spur einer christlichen Gemeinde nachweisen kann, hat man von der Festung Szamos-Ujvar an der Nordgrenze bis nach Romula in der Walachei eine Menge von Inschriften, Skulpturen und Altären entdeckt, welche die Zerstörung der Mithraeen überdauert haben. Diese Überreste sind namentlich häufig im Zentrum des Landes, der großen Straße entlang, welche dem Tale des Maros folgt, der Hauptader, durch welche die römische Zivilisation sich in die umliegenden Berge verbreitet hat. Die Kolonie Apulum allein

---

1) Eutrop. VIII, 6.

zählte sicher vier Tempel des persischen Gottes, und das kürzlich ausgegrabene *spelaeum* von Sarmizegetusa enthielt noch die Fragmente von etwa fünfzig Basreliefs oder anderen Exvotos, welche die Frömmigkeit der Gläubigen dort gestiftet hatte.

In ähnlicher Weise siedelte sich in Pannonien die iranische Religion in den festen Städten an, welche staffelförmig längs der Donau lagen, in Cusum, Intercisa, Aquincum, Brigetio, Carnuntum, Vindobona und selbst in den Marktflecken des Inneren. Sie war namentlich mächtig in den Hauptstädten dieser Doppelprovinz, in Aquincum und in Carnuntum, und bei dem einen wie dem anderen Orte lassen sich die Gründe für ihre bevorzugte Stellung ziemlich leicht wiedererkennen. Der erstgenannte, wo man im dritten Jahrhundert die Mysterien in mindestens fünf über sein ganzes Gebiet hin verteilten Tempeln feierte, war das Hauptquartier der *legio II adiutrix*, welche im Jahre 70 von Vespasian zur Unterstützung der Seeleute der Flotte von Ravenna gebildet worden war. Unter diesen in die Cadres der Armee eingereihten Freigelassenen befand sich ein erheblicher Bruchteil von Asiaten, und vermutlich hat der Mithriacismus von Anfang an in dieser irregulären Legion Anhänger gehabt. Als sie um das Jahr 120 n. Chr. von Hadrian nach Nieder-Pannonien verlegt wurde, brachte sie ohne Zweifel diesen orientalischen Kult dorthin, dem sie bis zu Ende treu geblieben zu sein scheint. Die *legio I adiutrix*, welche auf ähnliche Weise entstanden war, hat wahrscheinlich ebenso den fruchtbaren Samen in Brigetio ausgestreut, als ihr Lager unter Trajan dorthin versetzt wurde.

Mit noch größerer Genauigkeit können wir angeben, wie der persische Gott nach Carnuntum kam. Im Jahre 71 oder 72 n. Chr. ließ Vespasian diese wichtige strategische Position durch die *legio XV Apollinaris* wieder besetzen, welche seit acht oder neun Jahren im Orient kämpfte. Im Jahre 63 an den Euphrat gesandt, um das Heer zu verstärken, welches Corbulo gegen die Parther führte, hatte sie von 67 bis 70 an der Unterdrückung der jüdischen Erhebung teilgenommen und dann Titus nach Alexandrien begleitet. Während dieser blutigen Kriege waren die Lücken ihres Effektivbestandes unzweifelhaft durch in Asien vorgenommene Aushebungen ergänzt. Diese Rekruten, welche wahrscheinlich großenteils aus Kappadocien stammten, opferten, als sie mit den alten Mannschaften zusammen an die Donau versetzt waren, dort zuerst dem iranischen Gotte, der bislang nördlich der Alpen unbekannt war. Man hat in Carnuntum eine Weihinschrift an Mithra gefunden, welche von einem Soldaten der Apollinarischen Legion herrührt, der den charakteristischen Namen Barbarus trägt. Die ersten Anbeter des *Sol invictus* widmeten ihm am Ufer des Flusses eine halbkreisförmige Grotte, welche im dritten Jahrhundert durch die Munificenz eines römischen Ritters aus ihren Trümmern wiedererstehen sollte, und deren hohes Alter sich in ihrer ganz eigenartigen Anlage bekundet. Als Trajan etwa vierzig Jahre nach ihrer Heimkehr in das Abendland die fünfzehnte Legion von neuem an den Euphrat schickte, hatte der persische Kultus in der Hauptstadt Ober-Pannoniens schon tiefe Wurzeln geschlagen. Nicht nur die vierzehnte Legion *gemina Martia*, welche die nach Asien zurückgekehrte dauernd ersetzte, sondern auch die zehnte und die dreizehnte *gemina*, von denen anscheinend gewisse Abteilungen der erstgenannten beigegeben waren, empfanden die Anziehungskraft der Mysterien und zählten Eingeweihte in ihren Reihen. Bald genügte der erste Tempel nicht mehr, und man baute einen zweiten, welcher — eine bedeutsame Tatsache — an den des Jupiter Dolichenus von Kommagene stieß. Als sich neben dem Lager in derselben Zeit, als die Bekehrungen sich häuften, eine Municipalstadt entwickelte, wurde ein drittes Mithraeum erbaut — wahrscheinlich im Anfange des 2. Jahrhunderts —, dessen Dimensionen die aller bisher entdeckten ähnlichen Gebäude übertreffen. Allerdings wurde es von Diocletian und den Fürsten, welche er sich in der Regierung zugesellt hatte, vergrößert, als sie 307 eine Konferenz in Carnuntum abhielten. Sie wollten auf diese Weise ein öffentliches Zeugnis ihrer Verehrung für Mithra in dieser heiligen Stadt ablegen, die wahrscheinlich unter allen des Nordens die ältesten Heiligtümer der mazdäischen Sekte umschloß.

Dieser befestigte Platz, der wichtigste der ganzen Gegend, scheint auch das religiöse Zentrum gewesen zu sein, von dem aus der fremde Kult sich in die umliegenden Ortschaften verbreitete. Stix-Neusiedl, wo er sicher seit der Mitte des 2. Jahrhunderts gepflegt wurde, war nur ein zu der mächtigen Stadt gehöriger Marktflecken. Aber der Tempel von Scarbantia, weiter südlich, wurde wenigstens ausgeschmückt von einem *decurio coloniae Carnunti*. Im Osten hat das Gebiet von Aequinoctium eine Weihinschrift *Petrae genetrici* geliefert, und in Vindobona (Wien) hatten die Soldaten der zehnten Legion, jedenfalls von denen des benachbarten Lagers, die Mysterien feiern gelernt. Bis nach Afrika hin findet man die Spuren des Einflusses wieder, welchen die große pannonische Stadt auf die Entwicklung des Mithriacismus ausgeübt hat.

Einige Stunden von Wien entfernt, nachdem wir die Grenze von Noricum überschritten haben, finden wir den Flecken *Commagenae*, der seinen Namen wahrscheinlich dem Umstande verdankt, daß eine *ala Commagenorum* dort ihre Quartiere hatte. Es ist daher nicht zu verwundern, daß man dort ein Basrelief des stiertötenden Gottes zu Tage gefördert hat. Doch scheint in dieser Provinz, und ebenso in Rhätien, das Heer keine aktive Rolle bei der Ausbreitung der asiatischen Religion gespielt zu haben, wie dies in Pannonien der Fall war. Eine späte Inschrift eines *speculator legionis I Noricorum* ist die einzige aus diesen Ländern, welche einen Soldaten erwähnt, und im allgemeinen sind die Denkmäler der Mysterien im Tale der oberen Donau, wo die Truppen konzentriert waren, sehr spärlich gesät. Sie mehren sich erst auf dem anderen Abhange der Alpen, und die Inschriften der letztgenannten Gegend gestatten es nicht, ihnen einen militärischen Ursprung zuzuschreiben.

Dagegen ist in den beiden Germanien die erstaunliche Verbreitung, welche der Mithriacismus gewann, jedenfalls auf Rechnung der mächtigen Heereskörper zu setzen, welche ein stets bedrohtes Gebiet verteidigten. Man hat hier die Weihinschrift eines Centurio gefunden, welche *Soli invicto Mithrae* um das Jahr 148 n. Chr. gewidmet ist, und es ist wahrscheinlich, daß dieser Gott um die Mitte des zweiten Jahrhunderts bereits eine Anzahl Bekehrungen in den römischen Garnisonen bewirkt hatte. Alle Regimenter scheinen von der Ansteckung berührt zu sein: die *legio VIII Augusta*, *XXII Primigenia* und *XXX Ulpia*, die Kohorten und Schwadronen der Hülfstruppen wie die Elitetruppen aus freiwilligen Bürgern. Bei einer so allgemeinen Verbreitung läßt sich kaum ausmachen, von welcher Seite her der Fremdkult sich in das Land eingeschlichen hat. Indessen kann man annehmen, ohne eine Täuschung befürchten zu müssen, daß er — abgesehen vielleicht von bestimmten Punkten — nicht unmittelbar aus dem Orient übertragen, sondern durch die Vermittelung der Donaugarnisonen eingeführt worden ist, und wenn man seinen Ausgangspunkt absolut näher bestimmen wollte, so könnte man nicht ohne Wahrscheinlichkeit annehmen, daß die achte Legion, welche im Jahre 70 n. Chr. aus Mösien nach Obergermanien verlegt wurde, hier zuerst eine Religion ausgeübt hat, welche in ihrer neuen Heimat schnell vorherrschend werden sollte.

Deutschland ist in der Tat dasjenige Land, in welchem man die größte Zahl von Mithraeen zu Tage gefördert hat: es hat uns die hinsichtlich ihrer Dimensionen gewaltigsten und hinsichtlich ihrer Darstellungen vollständigsten Basreliefs geliefert, und jedenfalls hat keine andere heidnische Gottheit hier zahlreichere und eifrigere Anbeter gefunden als Mithra. Die Agri Decumates, die Militärgrenze des Reiches, und namentlich die vorgeschobenen Posten zwischen dem Maintal und dem Bollwerk des *limes* sind außerordentlich fruchtbar an Entdeckungen von höchstem Interesse gewesen. Im Norden von Frankfurt, bei dem Dorfe Heddernheim, der alten *civitas Taunensium*, hat man nacheinander drei wichtige Tempel ausgegraben, drei andere fanden sich in Friedberg in Hessen und zwei weitere noch wurden in der umliegenden Gegend freigelegt. Anderseits begegnet man längs des Rheines, von Augst (Raurica) bei Basel bis nach Xanten (Vetera), in Straßburg, Mainz, Neuwied, Bonn, Köln und Dormagen, einer Reihe von Monumenten, welche beweisen, wie der neue Glaube, gleich einer Epidemie nach und nach weiter um sich greifend, sich bis in die Mitte der barbarischen Stämme der Ubier und der Bataver verbreitet hat.

Der Einfluß des Mithriacismus auf die an der Rheingrenze aufgehäuften Truppen ist auch an seinem Vordringen in das Innere von Gallien zu ermessen. Ein Soldat der achten Legion weiht *deo Invicto* einen Altar zu Genf, welches an der Militärstraße lag, die von Germanien zum Mittelmeer führte, und andere Spuren des orientalischen Kultes hat man in der heutigen Schweiz und dem französischen Jura gefunden. In Saarburg (*Pons Saravi*), am Ausgange des Vogesenpasses, durch welchen Straßburg mit den Becken der Mosel und der Seine in Verbindung stand und noch heutigen Tages steht, hat man kürzlich ein *spelaeum* aus dem dritten Jahrhundert ausgegraben. Ein anderes, dessen Hauptbasrelief, in den lebendigen Fels gehauen, sich noch bis in unsere Tage erhalten hat, befand sich in Schwarzerden zwischen Metz und Mainz. Man könnte sich darüber wundern, daß die große Stadt Trier, die gewöhnliche Residenz der militärischen Befehlshaber, nur einige Reste von Inschriften und

Statuen geliefert hat, wenn die bedeutende Rolle dieser Stadt unter den Nachfolgern Constantins nicht das nahezu vollständige Verschwinden der heidnischen Denkmäler zur Genüge erklärte. Endlich sind im Maastale, unfern der Straße, welche Köln mit Bavay (*Bagacum*) verband, merkwürdige Spuren der Mysterien wiedererkannt worden.

Von Bavay führte diese Straße westlich nach Boulogne (*Gesoriacum*), dem Anlegehafen der *classis Britannica*. Die beiden jedenfalls an Ort und Stelle ausgeführten Dadophorenstatuen, welche dort gefunden sind, waren dem Gotte ohne Zweifel von irgend einem fremden Seemann oder Offizier der Flotte dargebracht. Dieser wichtige Hafenplatz mußte in täglichem Verkehr mit der gegenüberliegenden großen Insel und namentlich mit London stehen, welches seit dieser Zeit von zahlreichen Schiffen angelaufen wurde. Die Existenz eines Mithraeums in der wichtigsten kommerziellen und militärischen Niederlassung Britanniens kann für uns nichts Überraschendes haben. Im allgemeinen blieb der iranische Kult in keinem anderen Lande so entschieden auf die festen Plätze beschränkt als in diesem. Abgesehen von York (*Eburacum*), wo sich das Hauptquartier der Provinzialtruppen befand, hat er sich nur im Westen des Landes ausgebreitet, in Caërleon (*Isca*) und in Chester (*Deva*), wo Lager errichtet waren, um die gallischen Völkerschaften der Silures und der Ordovices im Zaum zu halten, sodann in seinem äußersten Norden, längs des *vallum Hadriani*, der das Gebiet des Kaiserreiches gegen die Einfälle der Pikten und der Kaledonier schützte. Alle „Stationen" dieses Grenzwalles scheinen ihren mithrischen Tempel gehabt zu haben, in welchem der Kommandant des Platzes (*praefectus*) seinen Untergebenen das Beispiel der Devotion gab. Es ist somit evident, daß der asiatische Gott im Gefolge der Heere bis in diese nördlichen Gegenden gelangt ist, aber man kann weder feststellen, in welchem Moment, noch mit welchen Truppen er hier ankam. Man hat jedoch Anlaß zu glauben, daß er seit der Mitte des zweiten Jahrhunderts hier verehrt wurde, und daß Germanien als Brücke gedient hat zwischen dem fernen Orient

Et penitus toto divisos orbe Britannos.

Am anderen Ende der römischen Welt wurden die Mysterien in gleicher Weise von den Soldaten gefeiert. Sie hatten Anhänger in der III. Legion, welche in Lambaesis lag, und in den Posten, welche die Engpässe des Aurasius bewachten oder den Rand der Sahara bezeichneten. Doch scheinen sie im Süden des Mittelmeeres nicht so populär gewesen zu sein als in den Ländern des Nordens, und ihre Verbreitung zeigt dort einen besonderen Charakter. Ihre Denkmäler, fast sämtlich aus später Zeit, stammen weit öfter von Offizieren oder wenigstens von Centurionen, unter denen viele fremder Herkunft waren, als von den einfachen Soldaten, welche nahezu ausschließlich in demselben Lande ausgehoben wurden, welches sie zu verteidigen hatten. Die Legionare Numidiens sind ihren einheimischen, punischen oder berberischen, Gottheiten treu geblieben und haben nur selten den Glauben der Kameraden angenommen, mit denen das Waffenhandwerk sie zusammenführte. Die persische Religion ist daher in Afrika, wie es scheint, vorzugsweise von denen ausgeübt worden, welche der Militärdienst aus dem Auslande dorthin gerufen hatte, und die Kollegien der Gläubigen setzten sich in der Hauptsache wenn nicht aus Asiaten, so doch wenigstens aus Rekruten zusammen, welche aus den Donauprovinzen dorthin gebracht waren.

In Spanien endlich, dem Lande des Occidents, welches am ärmsten an mithrischen Monumenten ist, zeigt sich der Zusammenhang zwischen ihrem Auftreten und der Lage der Garnisonen nicht minder deutlich. Auf der ganzen Fläche dieser mächtigen Halbinsel, auf der sich so viele volkreiche Städte zusammendrängten, fehlen sie fast gänzlich, selbst in den namhaftesten städtischen Zentren. Erst seit kurzem kann man in der Hauptstadt Lusitaniens und in der von Tarraconensis, in Emerita und Tarragona, ein Stückchen Inschrift nachweisen. Aber in den wilden Tälern Asturiens und Galiciens hatte der iranische Gott einen organisierten Kultus. Man wird diese Tatsache sofort mit dem längeren Aufenthalt einer Legion in dieser lange Zeit unbotmäßigen Gegend in Verbindung bringen. Vielleicht umfaßten die Konventikel der Eingeweihten auch Veteranen der spanischen Kohorten, welche als Anhänger des mazdäischen Glaubens in ihre Heimat zurückgekehrt waren, nachdem sie bei den Hülfstruppen am Rhein und an der Donau gedient hatten.

Aber die Armee hat nicht nur insofern dazu beigetragen, die orientalischen Kulte zu verbreiten, als sie Leute aus allen Weltgegenden, Bürger wie Fremde, in Reihe und Glied zusammenführte, als sie die Offiziere, die Centurionen oder selbst ganze Truppenteile unaufhörlich aus einer Provinz in die andere versetzte, wie es die wechselnden Bedürfnisse des Augenblicks erforderten, und so zwischen allen

Grenzen ein Netz von dauernden Verkehrsbeziehungen spann. Wenn die Soldaten ihren Abschied erhalten hatten, so fuhren sie im Ruhestand fort die Gebräuche zu beobachten, an welche sie sich unter der Fahne gewöhnt hatten, und fanden bald Nacheiferer in ihrer Umgebung. Oft ließen sie sich in der Nähe ihrer letzten Garnison nieder, in jenen Munizipien, welche allmählich die Buden der Marketender neben den Lagern ersetzt hatten. Bisweilen verlegten sie ihren Wohnsitz auch in irgend eine große Stadt der Gegend, in welcher sie gedient hatten, um dort mit alten Waffenbrüdern den Rest ihrer Tage zu verbringen: Lyon beherbergte in seinen Mauern immer eine stattliche Anzahl solcher alter Legionare aus Germanien, und die einzige mithrische Inschrift, welche London uns geliefert hat, nennt als ihren Autor einen *emeritus* der britannischen Truppen. Auch kam es vor, daß der Kaiser diese entlassenen Soldaten in ein Territorium sandte, welches er ihnen anwies, um dort eine Kolonie zu gründen. Elusa in Aquitanien hat die asiatische Religion vielleicht durch die Veteranen vom Rhein kennen gelernt, welche Septimius Severus dort ansiedelte. Oft bewahrten die Rekruten, welche die Militärbehörde an die äußersten Enden des Reiches versetzte, im Herzen die Liebe zu ihrem Geburtslande, zu welchem sie stets Beziehungen unterhalten hatten; aber wenn sie, nach zwanzig oder fünfundzwanzig Jahren voller Wachtdienst und Kämpfe freigelassen, in ihr Vaterland zurückkehrten, dann zogen sie den Göttern ihrer Heimat oder ihres Stammes den fremden Schirmherrn vor, welchen sie ein Zeltgenosse in der Ferne nach geheimnisvollen Riten anzubeten gelehrt hatte.

Doch ist die Verbreitung des Mithriacismus in den Städten und Gauen der *provinciae inermes* in der Hauptsache anderen Faktoren zuzuschreiben als dem Heere. Durch seine fortschreitenden Eroberungen in Asien hatte Rom zahlreiche semitische Völkerschaften seiner Herrschaft unterworfen. Seit die Begründung des Kaiserreiches den Weltfrieden gesichert und den ungestörten Betrieb des Handels garantiert hatte, sah man, wie diese Neulinge vermöge der besonderen Eigenschaften ihrer Rasse allmählich den Handel der Levante in ihren Händen konzentrierten. Wie ehedem die Phönizier und Karthager, bevölkerten nun die Syrer mit ihren Kolonien sämtliche Häfen des Mittelmeeres. In der hellenischen Zeit hatten sie sich in großer Zahl in den Handelszentren Griechenlands, namentlich auf Delos festgesetzt. Eine Anzahl dieser Kaufleute siedelte jetzt in die Nachbarschaft Roms, nach Puteoli und nach Ostia über. Sie scheinen in allen Seestädten des Occidents Geschäfte gemacht zu haben. Man findet sie in Italien in Ravenna, in Aquileia, in Tergeste; in Salonae in Dalmatien und bis nach Malaga in Spanien. Ihre kaufmännische Tätigkeit lockte sie selbst weit in das Innere der Länder hinein, sobald sich ihnen nur irgendwo die Aussicht bot, einen Profit zu machen. Im Donautal drangen sie bis nach Sarmizegetusa und Apulum in Dacien, bis nach Sirmium in Pannonien vor. In Gallien war diese orientalische Bevölkerung besonders dicht; sie kamen auf der Gironde nach Bordeaux und gingen die Rhône bis nach Lyon hinauf. Als sie die Ufer dieses Flusses besetzt hatten, ergossen sie sich über die ganze Mitte der Provinz, und Trier, die große

Hauptstadt des Nordens, zog sie massenhaft an. Sie erfüllten wirklich, wie es der heilige Hieronymus schildert, die ganze römische Welt. Die Einfälle der Barbaren waren nicht dazu imstande, ihren Unternehmungsgeist zu dämpfen. Unter den Merowingern sprachen sie noch ihr semitisches Idiom in Orleans. Um ihre Auswanderung zu hemmen, mußten erst die Sarazenen die Schiffahrt auf dem Mittelmeer vernichtet haben.

Die Syrer zeichneten sich zu allen Zeiten durch ihren glühenden Eifer aus. Kein Volk, selbst das ägyptische nicht, verteidigte mit solcher Hartnäckigkeit seine Idole gegen die Christen. So war denn auch ihre erste Sorge, wenn sie eine Kolonie gründeten, ihre nationalen Kulte zu organisieren, und das Mutterland bewilligte ihnen bisweilen Subventionen, um sie in der Erfüllung dieser frommen Pflicht zu unterstützen. Auf diese Weise sind die Gottheiten von Heliopolis, von Damaskus und selbst von Palmyra zuerst in Italien eingedrungen.

Das Wort *Syrus* hatte im gewöhnlichen Sprachgebrauch einen sehr unbestimmten Sinn. Dieses Wort, eine Abkürzung von *Assyrus*, wurde oft mit dem letzteren verwechselt und diente zur allgemeinen Bezeichnung sämtlicher semitischen Völkerschaften, welche vormals den Königen von Ninive gehorchten, bis zum Euphrat und selbst darüber hinaus. Es umfaßte somit auch die Anhänger des Mithra, welche in dem Tale dieses Stromes wohnten, und je weiter Rom seine Eroberungen nach dieser Seite hin ausdehnte, um so zahlreicher mußten sie unter den „Syrern" werden, die sich in den lateinischen Städten niederließen.

Indessen waren die Kaufleute, welche Comptoire im Abendlande gründeten, der Mehrzahl nach Verehrer der semitischen Baale, und die, welche Mithra anriefen, im allgemeinen Asiaten von geringerem Stande. Die ersten Tempel, welche der Gott im Westen des Reiches besaß, wurden jedenfals hauptsächlich von Sklaven besucht. In den Provinzen des Orients vorzüglich versahen sich die *mangones* mit ihrer Menschenware. Aus dem Inneren Kleinasiens brachten sie Herden von Leibeigenen nach Rom, welche sie von den großen Grundeigentümern in Kappadocien und Pontus gekauft hatten, und diese importierte Bevölkerung bildete schließlich, um mit einem Alten zu reden, gleichsam besondere Städte in der Hauptstadt. Aber der Sklavenhandel genügte nicht für den wachsenden Verbrauch des entvölkerten Italiens. Neben ihm war der Krieg der große Menschenlieferant. Wenn man sieht, daß Titus in dem einen jüdischen Feldzuge 97000 Juden zu Sklaven macht, so erschrickt man bei der Vorstellung, welche Massen von Gefangenen die unaufhörlichen Kämpfe mit den Parthern und besonders die Eroberungen Trajans auf die Märkte des Occidents werfen mußten.

Haufenweis nach dem Siege verteilt oder einzeln von den Händlern erworben, waren diese Sklaven vor allem in den Seestädten zahlreich vorhanden, bis zu denen ihr Transport wenig Kosten verursachte. Hier haben sie, mit den syrischen Kaufleuten wetteifernd, die orientalischen Kulte und besonders den des Mithra eingeführt. Wir finden ihn daher in einer ganzen Reihe von Mittelmeerhäfen angesiedelt. Oben[1])

---

1) Vgl. S. 24.

haben wir bereits seine Anwesenheit im phönizischen Sidon und im ägyptischen Alexandrien erwähnt. Wenn in Italien Puteoli und seine Umgebung, mit Einschluß Neapels, verhältnismäßig wenig Denkmäler der Mysterien geliefert haben, so ist dies dadurch zu erklären, daß jene Stadt seit dem zweiten Jahrhundert nicht mehr der große Stapelplatz war, auf dem sich Rom mit den Erzeugnissen der Levante versorgte. Die tyrische Kolonie von Puteoli, ehemals reich und mächtig, beklagt im Jahre 172, daß sie auf eine kleine Anzahl von Mitgliedern zusammengeschmolzen sei. Seit Claudius und Trajan gewaltige Arbeiten in Ostia ausgeführt hatten, erbte diese Stadt den Wohlstand ihrer kampanischen Nebenbuhlerin. Auch alle asiatischen Religionen hatten dort bald ihre Kapellen und ihre Bruderschaften von Gläubigen, aber keine von ihnen erfreute sich einer so auffallenden Beliebtheit wie die des iranischen Gottes. Seit dem zweiten Jahrhundert wurden ihm wenigstens vier oder fünf *spelaea* geweiht; eins von ihnen, spätestens im Jahre 162 erbaut und mit den Thermen des Antoninus in Verbindung stehend, lag an dem Orte selbst, wo die überseeischen Schiffe landeten, und ein anderes stieß an das *Metroon*, das Heiligtum, in welchem der offizielle Kult der *Magna Mater* zelebriert wurde. Im Süden war der kleine Marktflecken Antium (Porto d'Anzio) dem Beispiel seiner mächtigen Nachbarin gefolgt, und in Etrurien hatten Rusellae (Grosseto) und Pisae ebenfalls der mazdäischen Gottheit eine freundliche Aufnahme bereitet.

Im Osten Italiens ragt Aquileia durch die Zahl seiner mithrischen Inschriften hervor. War es doch, wie heute Triest, der Markt, auf dem die Donauprovinzen ihre Erzeugnisse gegen die des Südens austauschten. Pola, an der Südspitze Istriens, die Inseln Arba und Brattia und die Stapelplätze der dalmatischen Küste, Senia, Iader, Salonae, Narona, Epidaurum bis nach Dyrrhachium in Macedonien, haben mehr oder weniger zahlreiche und bestimmte Spuren des Einflusses des unbesiegbaren Gottes bewahrt und bezeichnen gleichsam den Weg, welchen dieser eingeschlagen hat, um nach der Handelsmetropole des adriatischen Meeres zu gelangen.

Auch im westlichen Mittelmeerbecken lassen sich seine Fortschritte verfolgen. In Sicilien sind Syrakus und Palermo, längs der afrikanischen Küste Karthago, Rusicade, Icosium, Caesarea, an der gegenüberliegenden Küste Spaniens Malaga und Tarragona abwechselnd Zeugen davon gewesen, wie sich in der gemischten Bevölkerung, welche das Meer dorthin geführt hatte, Genossenschaften von Mithriasten bildeten, und weiter nördlich, am Golf du Lion, hatte die stolze römische Kolonie Narbonne sich nicht exklusiver gezeigt.

In Gallien namentlich ist die von uns konstatierte Beziehung zwischen der Ausdehnung der Mysterien und der des orientalischen Handels auffällig. Beide konzentrieren sich hauptsächlich zwischen den Alpen und den Cevennen oder, um einen noch präziseren Ausdruck zu wählen, im Becken der Rhône, deren Lauf einen Eingangsweg von hervorragender Bedeutung repräsentierte. Sextantio, in der Nähe von Montpellier, und Aix in der Provence haben uns das Epitaph eines *pater sacrorum* und eine — vielleicht mithrische — Darstellung der Sonne auf ihrer Quadriga geliefert. Ferner finden wir, den Fluß aufwärts verfolgend, in Arles eine Statue des in den

Mysterien verehrten löwenköpfigen Kronos, in Bourg-Saint-Andéol bei Montélimar eine Darstellung des stiertötenden Gottes, welche in der Nähe einer Quelle in den lebendigen Fels gehauen ist; in Vaison, nicht weit von Orange, eine Weihinschrift, die bei Gelegenheit einer Initiation verfaßt ist; in Vienne ein *spelaeum*, aus welchem neben anderen Monumenten ein bis jetzt in seiner Art einziges Basrelief stammt. In Lyon endlich, dessen Beziehungen zu Kleinasien durch die Geschichte des Christentums hinlänglich bekannt sind, war der Erfolg des persischen Kultes sicherlich bedeutend. Im Oberlande ist seine Anwesenheit einerseits in Genf, anderseits in Besançon und Mandeure am Doubs zu konstatieren. Eine ununterbrochene Reihe von Heiligtümern, welche zweifellos in beständigem Verkehr miteinander standen, verband so die Ufer des Binnenmeeres mit den Gefilden Germaniens.

Von den blühenden Städten des Rhônetals ausgehend, schlich sich der fremde Kult sogar bis tief in die Berge der Dauphiné, Savoyens und Bugeys hinein. Labâtie bei Gap, Lucey unweit von Belley und Vieu-en-Val-Romey haben uns Inschriften, Tempel und Statuen aufbewahrt, die von seinen Anhängern geweiht wurden. Wie gesagt, beschränkten sich die orientalischen Kaufleute nicht darauf, Faktoreien in den See- oder Flußhäfen zu begründen. Die Hoffnung auf ein lukrativeres Geschäft zerstreute sie in die Städte des Inneren, wo die Konkurrenz weniger stark war. Die Verbreitung der asiatischen Sklaven war noch ausgedehnter: kaum ausgeschifft, wurden sie durch den Zufall der Auktion in alle möglichen Richtungen versprengt, und wir finden sie in den verschiedensten Gegenden und bei den verschiedensten Beschäftigungen wieder.

In Italien, dem Lande des Großgrundbesitzes, dem Lande, das mit alten Städten übersäet war, dienten sie bald dazu, die Sklavenheere zu vergrößern, welche die Domänen der römischen Aristokratie bebauten, und dann wurden sie bisweilen als Verwalter (*actor*, *villicus*) die Herren derjenigen, deren elendes Los sie anfangs geteilt hatten; bald wurden sie von irgend einem Munizipium angekauft und führten als *servi publici* die Befehle der Magistrate aus oder traten in die Bureaux der Verwaltung ein. Man stellt sich schwer vor, mit welcher reißenden Schnelligkeit die orientalischen Religionen auf diese Weise in Gegenden vorzudringen vermochten, welche sie dem Anschein nach niemals hätten erreichen sollen. Eine Doppelinschrift von Nersae, im Herzen der Apenninen, berichtet uns, daß im Jahre 172 unserer Zeitrechnung ein Sklave, der Rentmeister der Stadt, dort ein verfallenes Mithraeum restauriert hat. In Venusia wird eine griechische Weihinschrift Ἡλίῳ Μίθρᾳ von dem Sachwalter irgend eines reichen Bürgers gewidmet, und sein Name, Sagaris, verrät zugleich seine Stellung als Sklave und seine asiatische Herkunft. Man könnte diese Beispiele vervielfachen. Es leidet keinen Zweifel, daß diese obskuren Diener des fremden Gottes den wirksamsten Beitrag zur Verbreitung der Mysterien nicht nur innerhalb der Bannmeile Roms oder in den großen Städten allein, sondern in ganz Italien von Kalabrien bis zu den Alpen geliefert haben. Man findet den iranischen Kult gleichzeitig gepflegt in Grumentum, im Innern Lukaniens; dann, wie bereits gesagt, in Venusia in Apulien und in

Nersae im Äquerlande, wie in Aveia in dem der Vestiner; ferner in Umbrien längs der Via Flaminia, in Interamna, in Spoleto, wo man ein mit Gemälden geschmücktes *spelaeum* besuchen kann, und in Sentinum, wo man ein Verzeichnis der Patrone eines Kollegiums von Mithriasten zu Tage gefördert hat; ebenso folgte er in Etrurien der Via Cassia und ließ sich in Sutrium, in Volsinii (Bolsena) nieder, vielleicht auch in Arretium und in Florenz. Minder deutlich und nicht so bezeichnend sind seine Spuren im Norden der Apenninen. Sie treten sowohl in der Emilia nur sporadisch auf, wo lediglich die Territorien von Bologna und Modena einige interessante Reste aufbewahrt haben, wie in dem fruchtbaren Tale des Po. Hier scheint Mailand, dessen schnelles Aufblühen in der Kaiserzeit bekannt ist, der einzige Ort gewesen zu sein, wo sich die ausländische Religion großer Gunst und offizieller Protektion erfreute. Einige Bruchstücke von Inschriften, welche man in Tortona, Industria und Novaria ausgegraben hat, liefern keinen ausreichenden Beweis dafür, daß sie in dem übrigen Teile des Landes weit verbreitet gewesen wäre.

Es ist gewiß bemerkenswert, daß wir in den wilden Schluchten der Alpen eine reichere Ausbeute zu verzeichnen haben als in den üppigen Gefilden Oberitaliens. In Introbbio im Val Sassina, im Osten des Comersees, im Val Camonica, welches der Oglio durchfließt, sind dem unbesiegbaren Gotte Altäre geweiht. Aber die ihm geheiligten Monumente sind zahlreich vor allem längs der Etsch und ihrer Zuflüsse, in der Nähe des großen Communicationsweges, der im Altertum wie in unserer Zeit über den Brennerpaß oder durch das Pustertal lief und den gegenüberliegenden Abhang hinab nach Rätien oder Noricum führte: in Trient, ein bei einem Wasserfall errichtetes Mithraeum; in der Nähe von San-Zeno, Basreliefs, die in einer felsigen Schlucht gefunden wurden; in Castello di Tuenno, Fragmente von Exvotos, die auf beiden Seiten bearbeitet sind; an den Ufern der Eisack, eine Weihinschrift an Mithra und die Sonne, und endlich in Mauls, die berühmte skulpierte Platte, welche im 16. Jahrhundert entdeckt wurde und sich jetzt im Wiener Museum befindet.

Die Fortschritte des Mithriacismus machten in dieser Gebirgsgegend an den Grenzen Italiens nicht Halt. Wenn wir, unsern Weg durch das Tal der Drau weiter verfolgend, die Spuren aufsuchen, welche er dort hinterlassen hat, so finden wir sie sofort in Teurnia und namentlich in Virunum wieder, der bedeutendsten Stadt Noricums, in welcher im 3. Jahrhundert mindestens zwei Tempel den Geweihten ihre Pforten öffneten. Ein dritter war nicht weit von dort in einer Grotte mitten im Walde hergerichtet worden.

Die religiöse Metropole dieser römischen Kolonie war zweifellos Aquileia[1], dessen bedeutende Gemeinde jene ganze Gegend beeinflußte. Die Städte, welche sich längs der Routen entwickelten, die von diesem Hafen quer durch Pannonien nach den Donaufestungen führten, waren fast ausnahmslos dem fremden Gotte gastfreundlich: Emona, Latobici, Naeviodunum und hauptsächlich Siscia an der Sau; weiter nach Norden empfingen ihn Atrans, Celeia, Poetovio mit gleicher

---

1) Vgl. oben S. 48 f.

Gunst. So wurden seine Anhänger, welche sich von den Ufern des adriatischen Meeres einerseits nach Mösien oder andererseits nach Carnuntum begaben, in allen ihren Reisequartieren von Glaubensgenossen bewillkommnet.

Wenn in diesen Gegenden, ebenso wie südlich der Alpen, die orientalischen Sklaven dem Mithra als Missionare gedient haben, so waren doch die Verhältnisse, unter denen sich ihre Propaganda vollzog, einigermaßen andere. Sie haben sich in dieser Gegend kaum, wie auf den *latifundia* und in den Städten Italiens, als ländliche Arbeiter oder Verwalter reicher Grundbesitzer oder als Munizipalbeamte verbreitet. Die Entvölkerung war hier nicht so weit vorgeschritten, wie in den alten Kulturländern, und um die Felder zu bebauen oder die Polizei in den Städten auszuüben brauchte man nicht auf fremde Arbeitskräfte zu greifen. Nicht die Privatleute oder die Kommunen, sondern der Staat ist hier der große Menschenimporteur gewesen. Die Prokuratoren, fiskalische Beamte, Verwalter der kaiserlichen Domänen oder, wie in Noricum, wirkliche Gouverneure, hatten unter sich eine Menge von Steuererhebern, Rentmeistern, Angestellten aller Art, welche über ihren Bezirk verstreut waren, und diese Subalternbeamten waren im allgemeinen nicht von freier Geburt. Ebenso verwandten die großen Unternehmer, welche den Ertrag der Bergwerke und Steinbrüche oder die Zolleinnahmen pachteten, in ihren Betrieben ein zahlreiches Personal unfreien Standes oder unfreier Geburt, welches sie von auswärts einführten. Leute dieser Art, Beauftragte des Kaisers oder der Publicani, welche er sich substituierte, sind es, deren

Titel uns am häufigsten in den mithrischen Inschriften des südlichen Pannoniens und Noricums begegnen.

In allen Provinzen haben die untergeordneten Beamten der kaiserlichen Verwaltung bei der Ausbreitung der Fremdkulte eine bedeutende Rolle gespielt. Ebenso wie diese im Solde der Zentralgewalt stehenden Männer die Repräsentanten der politischen Einheit des Reiches waren im Gegensatz zum provinzialen Partikularismus, so waren sie auch die Apostel der Universalreligionen gegenüber den Lokalkulten. Sie bildeten gleichsam eine zweite, dem Befehl des Herrschers unterstehende Armee, und ihr Einfluß auf die Entwicklung des Paganismus ist dem der ersten analog gewesen. Wie die Soldaten rekrutierten sie sich zum größten Teil aus den asiatischen Ländern; wie jene wechselten sie beständig ihren Aufenthaltsort nach Maßgabe ihres Aufrückens in höhere Chargen, und die Bestände ihrer Bureaux enthielten, wie die der Legionen, Individuen jeder Nationalität.

So hat die Verwaltung mit ihren Schreibern und ihren Rechnungsführern die Kenntnis der Mysterien von einem Bezirk zum andern weitergetragen. Eine charakteristische Tatsache: im kappadocischen Caesarea bringt ein vermutlich eingeborener Sklave, *arcarius dispensatoris Augusti*, in sehr gutem Latein dem Mithra ein Bild der Sonne dar. Im Inneren Dalmatiens, wo die Denkmäler des persischen Gottes ziemlich spärlich sind, weil diese Provinz frühzeitig von Legionen entblößt wurde, haben dennoch fiskalische, Post- und Zollbeamte ihre Namen auf einigen Weihinschriften hinterlassen. In den Grenzprovinzen vor allem mußten die Finanzbeamten der Cäsaren zahlreich sein, nicht nur um die Einfuhrzölle auf die verschiedenen Waren einzuziehen, sondern weil die drückendste Ausgabe der kaiserlichen Kassen in den Unterhaltungskosten der Truppen bestand. Es ist daher natürlich, daß man *dispensatores, exactores, procuratores* und andere entsprechende Titel in den mithrischen Texten Daciens und Afrikas erwähnt findet.

Hier haben wir also einen zweiten Weg, auf welchem der iranische Gott in die Ortschaften bei den Lagern einzudringen vermochte, wo er, wie wir sahen, von den orientalischen Soldaten verehrt wurde. Im allgemeinen erforderte die Organisation der Verwaltung und die Bedienung der Offiziere die Verschickung von öffentlichen und Privatsklaven nach allen Garnisonen, während gleichzeitig die sich stets erneuernden Bedürfnisse dieser zusammengehäuften Massen die Geschäftsleute von allen Seiten her dorthin zogen. Anderseits siedelten sich, wie bereits gesagt, die Veteranen häufig in den Häfen und in den Großstädten an, wo mit ihnen wieder die Sklaven und die Kaufleute zusammentrafen. Wenn man nun behauptet, daß Mithra auf die eine oder die andere Weise in diese oder jene Gegend gekommen sei, so kann diese Verallgemeinerung offenbar keinen Anspruch auf absolute Genauigkeit erheben. Die konkurrierenden Ursachen der Ausbreitung dieser Mysterien mischen sich und fließen zusammen, und es würde vergebliche Mühe sein, wollte man ihr wirres Geflecht in seine einzelnen Fäden aufzulösen versuchen. Einzig und allein — wie es nur zu oft der Fall ist — auf Inschriften unbestimmten Datums angewiesen, in denen neben dem Namen des Gottes lediglich der eines Mysten oder eines Priesters figuriert, sind wir nicht in der Lage, in jedem einzelnen Falle die Umstände angeben zu können, welche der neuen Religion förderlich gewesen sind. Die vorübergehenden Einflüsse entziehen sich unserer Beobachtung beinahe ganz. Hat bei dem Regierungsantritt Vespasians der längere Aufenthalt syrischer Truppen in Italien, die eifrige Verehrer der Sonne waren, irgendeine dauernde Wirkung ausgeübt? Hat die von Alexander Severus nach Germanien geführte Armee, die nach Lampridius[1]) *potentissima per Armenios et Osrhoënos et Parthos* war, der mithrischen Propaganda an den Ufern des Rheins einen neuen Aufschwung gegeben? Hat keiner jener hohen Beamten, welche Rom Jahr für Jahr an die Euphratgrenze sandte, den Glauben seiner Untergebenen angenommen? Schifften sich nicht kappadocische und pontische Priester, z. B. die der syrischen Göttin, nach dem Occident ein, in der Hoffnung dort von der Leichtgläubigkeit der Menge zu leben? Schon unter der Republik trieben sich die chaldäischen Astrologen auf den Hauptstraßen Italiens umher, und zur Zeit Juvenals verkauften die Wahrsager aus Kommagene und Armenien in Rom ihre Orakelsprüche. Diese nebensächlichen Hülfsmittel wie alle, welche der Verbreitung der orientalischen Religionen im allgemeinen förderlich gewesen sind, können auch dem Mithrakult zu gute gekommen sein. Aber die wirksamsten Faktoren seiner Verbreitung sind unstreitig die Soldaten, die Sklaven und die Kaufleute gewesen. Abgesehen von den detaillierten Belegen, welche wir beigebracht haben, würde das Auftreten

---

1) Lamprid., *Alex. Sev.* c. 61; cf. Capitol., *Maximin.* c. 11.

seiner Denkmäler in den militärischen und Handelsplätzen, in den Gegenden, wohin sich der breite Strom der asiatischen Auswanderung ergoß, genügen um dies zu beweisen.

Ihr Fehlen an anderen Orten zeigt es ebenso deutlich. Warum findet man in Asien, in Bithynien, in Galatien, in den Nachbarprovinzen solcher, wo sie seit Jahrhunderten gefeiert wurden, keine Spur der persischen Mysterien? Weil die Produktion dieser Länder ihren Verbrauch überstieg, weil der Außenhandel dort in den Händen der griechischen Rheder war, weil sie Menschen exportierten, statt sie von auswärts einzuführen, und weil seit Vespasian wenigstens keine Legion mehr damit betraut war, sie zu verteidigen oder im Zaume zu halten. Griechenland war gegen die Invasion der fremden Gottheiten gefeit durch seinen nationalen Stolz, jenen Kultus seiner ruhmreichen Vergangenheit, der in ihm unter dem Kaiserreich den bezeichnendsten Grundzug des öffentlichen Lebens bildet. Überdies nahm ihm die Abwesenheit von Soldaten oder ausländischen Sklaven sogar die Gelegenheit, sich selbst untreu zu werden. Endlich fehlen die mithrischen Monumente fast ganz im Zentrum und dem Westen Galliens, auf der spanischen Halbinsel, im Süden Brittanniens; und selten sind sie sogar im Inneren Dalmatiens. Hier forderte bisher weder eine ständige Besatzung die Überführung von Asiaten, noch vermochte irgend ein internationaler Handelsplatz solche anzuziehen.

Mehr als irgend eine Provinz ist dagegen die Stadt Rom reich an Entdeckungen aller Art gewesen. In der Tat fand Mithra nirgends sonst in demselben Maße alle Bedingungen vereint, welche seinen Erfolg

begünstigten: Rom besaß eine bedeutende Garnison
aus Soldaten gebildet, welche man aus allen Teilen
des Reiches zusammengezogen hatte, und wenn sie
die *honesta missio* erhalten hatten, so siedelten sich
die Veteranen hier in großer Zahl an. Eine üppige
Aristokratie residierte hier, und ihre Paläste, wie
die des Kaisers, bevölkerten Tausende von orientalischen Sklaven. Hier war der Sitz der Zentral-
verwaltung, und Sklaven derselben Art füllten ihre
Bureaux. Endlich stömten alle diejenigen, welche
die Lust an Abenteuern oder das Elend dazu trieb
ihr Glück in der Ferne zu suchen, in dieser „Welt-
herberge" zusammen und führten hier ihre Sitten
und Kulte ein. Gelegentlich mag auch die Anwesenheit asiatischer Duodezfürsten, welche als
Geiseln oder Flüchtlinge mit ihrer Familie und ihren
Gefolge in Rom lebten, der mazdäischen Propaganda
förderlich gewesen sein.

Wie die meisten fremden Götter hatte Mithra
seine ersten Tempel ohne Zweifel außerhalb des
pomoerium. Viele seiner Denkmäler sind jenseits
dieser Grenzlinie gefunden worden, namentlich in der
Nähe des Campus Praetorianus; aber noch vor den
Jahre 181 n. Chr. hatte er die heilige Schranke durch-
brochen und sich im Herzen der Stadt festgesetzt.
Leider ist es nicht möglich, ihm auf seinem Wege
durch die riesenhafte Metropole Schritt für Schritt
zu folgen. Die datierten und ihrer Herkunft nach
unzweifelhaft bekannten Beweisstücke sind zu selten
als daß man den Versuch wagen dürfte, die Lokalgeschichte der persischen Religion in der Hauptstadt
zu rekonstruieren. Wir können lediglich im allgemeinen feststellen, daß sie hier zu hohem Glanze

emporgestiegen ist. Ihre angesehene Stellung wird bezeugt durch etwa hundert Inschriften, mehr als fünfundsiebenzig plastische Bruchstücke und eine Reihe von Tempeln und Kapellen, die über alle Quartiere und das Weichbild der Stadt zerstreut sind. Das berühmteste dieser *spelaea* ist mit Recht dasjenige, welches noch in der Renaissancezeit in einer Grotte des Kapitols existierte, und aus dem das gegenwärtig in Louvre befindliche große Basrelief Borghese stammt. Es scheint bis auf das Ende des 2. Jahrhunderts zurückzugehen.

In dieser Zeit ist Mithra aus dem Halbdunkel hervorgetreten, in dem er bislang gelebt hatte, um einer der beliebtesten Götter der Aristokratie und des Hofes zu werden. Wir haben gesehen, wie er aus dem Orient kam als die verächtliche Gottheit von Asiaten, welche nach Europa ausgewandert oder — noch öfter — transportiert waren. Es ist unzweifelhaft, daß er seine ersten Eroberungen in den unteren Schichten der Bevölkerung gemacht hat, und — eine wichtige Tatsache — der Mithriacismus ist lange Zeit hindurch die Religion der niederen Stände geblieben. Die ältesten Inschriften bezeugen es in beredter Weise, denn sie rühren ohne Ausnahme von Sklaven oder ehemaligen Sklaven, von Soldaten oder ehemaligen Soldaten her. Aber es ist bekannt, welche hohen Stellungen die Freigelassenen zur Kaiserzeit erstreben konnten, und die Söhne der Veteranen oder der Centurionen wurden oft wohlhabende Bürger. So mußte die Religion, nachdem sie einmal auf lateinischen Boden verpflanzt war, vermöge einer ganz natürlichen Entwicklung wachsen an Reichtum und an Macht, und bald zählte sie zu ihren Anhängern in Rom einflußreiche Beamte, in den Municipien Augustalen und Decurionen. Unter den Antoninen begannen die Literaten und die Philosophen sich für die Dogmen und Riten dieses originellen Kultes zu interessieren. Lucian parodiert geistreich seine Bräuche[1]), und im Jahre 177 stellt Celsus ohne Zweifel in seinem Wahren Wort seine Lehren denen des Christentums gegenüber.[2]) Um dieselbe Zeit widmete ein gewisser Pallas ihm ein besonderes Werk, und Porphyrius zitiert einen Eubulus, welcher „Mithrische Untersuchungen" in mehreren Büchern (τὴν περὶ τοῦ Μίθρα ἱστορίαν ἐν πολλοῖc βιβλίοιc) veröffentlicht hatte.[3]) Wenn diese Schriften nicht unwiederbringlich verloren gegangen wären, so würden sie uns jedenfalls immer wieder von Truppen erzählen, die — Offiziere wie Soldaten — zu dem Glauben der Erbfeinde des Reiches übergingen, und von vornehmen Herren, welche durch die Diener ihres Hauses bekehrt wurden. Die Denkmäler erwähnen oft die Namen von Sklaven neben denen von Freien; und bisweilen sind es jene, welche den höchsten Grad unter den Eingeweihten bekleiden. In diesen Bruderschaften wurden die Letzten oft die Ersten und die Ersten die Letzten, wenigstens dem Anschein nach.

Ein bedeutsames Resultat ergibt sich aus allen unseren Einzeluntersuchungen; daß die Ausbreitung der persischen Mysterien sich mit einer ganz außer-

---

1) Luc. *Menipp.*, c. 6 ss. Cf. *Deor. concil.*, c. 9; *Jup. Trag.* c. 8, 13 (*T. et M.* t. II, p. 22).

2) Origen., *Contr. Cels.* I, 9 (*T. et M.*, t. II, p. 30).

3) Porphyr., *De Antr. Nymph.*, c. 5; *De Abstin.* II, 56; IV, 16 (cf. *T. et M.* t. II, p. 39 ss. und I, p. 26 ss.).

ordentlichen Schnelligkeit vollzogen haben muß. Sie treten fast gleichzeitig in den entferntesten Gegenden auf: in Rom, in Carnuntum an der Donau, in den Agri Decumates. Man könnte von einem Pulverstreifen sprechen, der plötzlich aufflammt. Dieser reformierte Mazdaismus hat offenbar eine gewaltige Anziehung auf die Gesellschaft des zweiten Jahrhunderts ausgeübt, deren Ursachen wir heute nur noch unvollkommen zu erkennen vermögen.

Aber zu diesem eigenen Zauber, welcher die Massen vor dem stiertötenden Gott niederknieen ließ, gesellte sich noch ein äußerst wirksames Moment äußerlicher Art: die kaiserliche Huld. Lampridius[1]) berichtet uns, daß Commodus sich einweihen ließ und an den blutigen Zeremonien der Liturgie teilnahm; und die Inschriften beweisen, daß die Sympathie des Monarchen für die Priester des Mithra eine ungeheure Wirkung hatte. Von diesem Zeitpunkt an sieht man die höchsten Würdenträger des Reiches dem Beispiel des Souveräns folgen und eifrige Anhänger des iranischen Kultes werden. Tribunen, Präfekten, Legaten, später *perfectissimi* und *clarissimi* werden häufig als Urheber der Dedikationen genannt, und bis zum völligen Ende des Heidentums blieb die Aristokratie der Sonnengottheit treu, welche lange Zeit die Gunst der Fürsten genossen hatte. Um aber die Politik der letzteren und die Motive ihres Wohlwollens verständlich zu machen, müssen wir die mithrischen Lehren von der obersten Gewalt und ihre Beziehungen zu den theokratischen Ansprüchen der Cäsaren darstellen.

---

1) Lampr., *Commod.*, c. 9 (*T. et M.* t. II, p. 21). Cf. unten Kap. III, S. 65.

DRITTES KAPITEL.
MITHRA UND DIE KAISERLICHE GEWALT.

Dank der relativ späten Zeit ihrer Ausbreitung entgingen die Mysterien des Mithra den Verfolgungen, welche die bereits früher in Rom eingedrungenen orientalischen Kulte und namentlich der Isiskult zu erleiden hatten. Vielleicht beriefen sich einige von den Astrologen oder „Chaldäern", welche unter den ersten Kaisern zu verschiedenen Malen aus Italien vertrieben wurden, auf den persischen Gott, aber diese vagabundierenden Wahrsager, die trotz ebenso ohnmächtiger als strenger Senatsbeschlüsse immer wieder in der Hauptstadt erschienen, bildeten weder einen Klerus, noch verkündigten sie eine Religion. Als sich gegen das Ende des ersten Jahrhunderts der Mithriacismus im Abendlande ausbreitete, begann die mißtrauische Zurückhaltung oder selbst offene Feindschaft, welche lange Zeit hindurch für die römische Politik gegen die ausländischen Priester bezeichnend gewesen war, einer wohlwollenden Toleranz, wenn nicht einer erklärten Gunst zu weichen. Schon Nero hatte die Absicht gehegt, sich von den Magiern, welche der König Tiridates von Armenien ihm zugeführt hatte, in die Ceremonien des Mazdaismus einweihen zu lassen, und dieser hatte in seiner Person eine Emanation des Mithra angebetet.

Leider haben wir keine direkten Berichte über die rechtliche Stellung der Associationen der *cultores Solis invicti Mithrae*. Kein Text meldet uns, ob die Existenz dieser Bruderschaften ganz zuerst einfach geduldet wurde, oder ob sie infolge staatlicher Anerkennung von Anfang an das Recht des Besitzes und der Selbstverwaltung erhalten hatten. Jedenfalls ist nicht anzunehmen, daß eine Religion, welche stets zahlreiche Anhänger in der Verwaltung und der Armee besaß, von dem Herrscher lange in ungeordneten Verhältnissen belassen worden ist. Vielleicht konstituierten sich diese Associationen, um auf gesetzlichem Boden zu bleiben, als Begräbnisgenossenschaften (*collegia funeraticia*) und partizipierten so an den solchen Korporationen bewilligten Privilegien. Wie es scheint, haben sie jedoch zu einem noch wirksameren Mittel gegriffen. Sobald wir das Vorhandensein des persischen Kultes in Italien feststellen können, finden wir ihn eng verbunden mit dem der Großen Mutter von Pessinus, welcher von dem römischen Volke drei Jahrhunderte früher feierlich angenommen war. Obendrein wurde der blutige Brauch das Tauroboliums, der unter dem Einflusse mazdäischer Glaubensvorstellungen in die Liturgie der phrygischen Göttin eingedrungen war, vermutlich seit der Zeit Marc Aurels durch die Bewilligung bürgerlicher Freiheiten befördert.[1] Doch wissen wir nicht mehr, ob diese Union der beiden Gottheiten durch eine Entscheidung des Senats oder des Herrschers sanktioniert worden war. In diesem Falle würde der fremde Gott sofort das Bürgerrecht in

---

[1] Cf. unten Kap. VI.

Italien erlangt haben und in demselben Sinne römisch geworden sein wie Cybele oder die Bellona von Comana. Aber selbst wenn eine förmliche Entscheidung der öffentlichen Gewalten nicht ergangen sein sollte, so ist doch die Annahme durchaus berechtigt, daß Mithra wie Attis, der ihm assimiliert worden war, der *Magna mater* zugesellt wurde und in irgend einer Weise aus der offiziellen Protektion Vorteil zog, deren sich diese erfreute. Indessen scheint sein Klerus keine regelmäßige Dotation aus öffentlichen Mitteln erhalten zu haben, wennschon der Fiskus oder die Munizipalkassen ihm ausnahmsweise gewisse Unterstützungen gewährt haben mögen.

Am Ende des zweiten Jahrhunderts verwandelte sich die mehr oder weniger zurückhaltende Freundlichkeit, welche die Cäsaren den iranischen Mysterien gegenüber gezeigt hatten, mit einem Schlage in eine nachdrückliche Unterstützung. Commodus ließ sich in die Schar ihrer Adepten aufnehmen und nahm an ihren geheimen Zeremonien teil, und die Auffindung zahlreicher Weihinschriften, welche dem Heil dieses Fürsten gewidmet sind oder aus seiner Regierungszeit stammen, läßt uns ahnen, welchen Aufschwung diese kaiserliche Bekehrung der mithrischen Propaganda gegeben hat. Nachdem der letzte der Antonine in dieser Weise mit den alten Vorurteilen gebrochen hatte, scheint die Gunst seiner Nachfolger der neuen Religion endgültig sicher gewesen zu sein. Seit den ersten Jahren des 3. Jahrhunderts hatte sie einen Kaplan im Palast der Auguste, und man sah ihre Gläubigen Votivgaben und Opfer darbringen zu Gunsten der Severer und später des Philippus. Aurelian, welcher den offiziellen

Kultus des *Sol invictus* einführte, konnte einer Gottheit, die als identisch mit der betrachtet wurde, welche er durch seine Pontifices verehren ließ, nur Sympathie entgegenbringen. Im Jahre 307 weihten Diokletian, Galerius und Licinius gelegentlich ihrer Begegnung in Carnuntum aufgrund gemeinsamen Übereinkommens dem Mithra *fautori imperii sui* einen Tempel, und der letzte Heide, der auf dem Throne der Cäsaren gesessen hat, Julian Apostata, war ein glühender Verehrer dieses göttlichen Schirmherrn, den er in Konstantinopel schleunigst anbeten ließ.

Eine solche sich stets gleichbleibende Begünstigung durch Monarchen, welche in ihrer Gesinnung und ihren Tendenzen so verschieden waren, kann nicht aus vorübergehenden Anwandlungen oder individuellem Geschmack erklärt werden. Sie muß tiefere Gründe gehabt haben. Wenn die Herren des Reiches zwei Jahrhunderte hindurch eine solche Vorliebe für diese fremde Religion zeigten, obwohl sie unter Feinden geboren war, welche die Römer fortgesetzt bekämpften, so ließen sie sich dabei offenbar von irgend einer Staatsräson leiten. Und in der Tat fanden sie in ihren Lehren eine Stütze für ihre persönliche Politik und einen Anhalt für die autokratischen Ansprüche, deren Geltendmachung sie sich angelegen sein ließen.

Man kennt die langsame Entwicklung, welche im Laufe der Zeit den Prinzipat, wie ihn Augustus begründet hatte, in eine Monarchie von Gottes Gnaden umwandelte. Der Kaiser, dessen Autorität in der Theorie dem Volke entstammte, war anfänglich nur der erste Magistrat Roms. In dieser Eigenschaft allein, als Erbe der Tribunen und des obersten Pontifex, war er unverletzlich und mit dem Charakter der Heiligkeit bekleidet. Aber gerade wie seine Macht, die anfangs gesetzlich beschränkt war, in Folge wiederholter Übergriffe schließlich in den Absolutismus ausmündete, ebenso wurde der Herrscher vermöge paralleler Entwicklung aus dem Beauftragten des Volkes ein Repräsentant Gottes auf Erden, selbst Gott (*dominus et deus*). Bald nach der Schlacht bei Actium machte sich eine Bewegung bemerkbar, welche in absolutem Gegensatze zu der demokratischen Fiktion des Cäsarismus stand: die asiatischen Städte beeilten sich Augustus Tempel zu errichten und ihm einen Kult zu widmen. Bei diesen Völkerschaften waren die monarchischen Erinnerungen lebendig geblieben. Sie verstanden nichts von den subtilen Distinktionen, mit denen man sich in Italien zu täuschen versuchte. Für sie war der Herrscher immer ein König (βαcιλεύc) und ein Gott (θεόc). Die Metamorphose der kaiserlichen Gewalt bedeutet den Triumph des orientalischen Geistes über den römischen Genius und den der religiösen Idee über den juristischen Begriff.

Mehrere Historiker haben die Organisation dieses Kaiserkultes im einzelnen untersucht und seine politische Bedeutung dargelegt. Aber vielleicht hat man nicht ebenso klar gesehen bezüglich der theologischen Grundlage, auf welcher er beruht. Es genügt nicht, einfach zu konstatieren, daß die Fürsten in einer gewissen Zeit nicht nur nach ihrem Tode göttliche Ehren empfingen, sondern sich diese auch schon während ihrer Regierung zuerkennen ließen. Vielmehr ist zu erklären, wie sich diese Vergötterung einer lebenden Persönlichkeit, eine neue Art der Apotheose, welche ebensosehr der gesunden Vernunft wie der römischen Überlieferung widerspricht, doch schließlich fast allgemein durchgesetzt hat. Der beharrliche Widerstand der öffentlichen Meinung wurde überwunden, als die Religionen Asiens die Massen erobert hatten. Sie verbreiteten unter ihnen Lehren, welche darauf abzielten, den Monarchen über die gewöhnliche Menschheit zu erheben; und wenn sie sich die Gunst der Cäsaren und besonders derjenigen von ihnen erwarben, welche nach absoluter Machtvollkommenheit strebten, so war dies eine Folge davon, daß sie eine dogmatische Rechtfertigung für ihren Despotismus erbrachten. An die Stelle des alten Prinzips der Volkssouveränität trat ein theologisierender Glaube an übernatürliche Einflüsse. Wir werden zu zeigen versuchen, welche Rolle der Mithriacismus bei dieser fundamentalen Umwälzung gespielt hat, über welche uns die geschichtlichen Quellen, die uns zu Gebote stehen, nur unvollkommen unterrichten.

Manche Erscheinungen könnten zu der irrtümlichen Annahme verleiten, daß die Römer alle diese Ideen aus Ägypten entlehnt hätten. Dieses Land, dessen Institutionen in so vielfacher Hinsicht für die administrativen Reformen des Kaiserreichs von Bedeutung gewesen sind, konnte ihm auch das vollendete Vorbild einer theokratischen Regierung liefern. Nach den alten Glaubensvorstellungen Ägyptens stammte nicht nur das Königsgeschlecht von dem Sonnen-Râ ab, sondern war auch die Seele jedes Herrschers eine abgestoßene Verdoppelung des Sonnen-Horus. Alle Pharaonen waren daher aufeinanderfolgende Inkarnationen des Tagesgestirns. Sie waren nicht bloß Repräsentanten der Gottheit, sondern lebendige Götter, verehrt gleich dem, der die Himmel durcheilt, und ihre Insignien waren den seinigen ähnlich.

Als die Achämeniden und später die Ptolemäer die Herren des Niltales geworden waren, erbten sie die Huldigungen, welche man den alten Königen zugebilligt hatte, und es ist unzweifelhaft, daß Augustus und seine Nachfolger, welche alle religiösen Bräuche des Landes wie seine politische Verfassung mit peinlicher Sorgfalt respektierten, sich dort von ihren Untertanen den Charakter beilegen ließen, welche eine mehr als dreitausendjährige Überlieferung den Potentaten Ägyptens zuerkannte.

Von Alexandrien aus, wo sogar die Griechen ihn annahmen, verbreitete sich dieser theokratische Glaube weit über das Reich. Die Priester der Isis waren in Italien seine erfolgreichen Missionare. Die Proselyten, welche sie in den höchsten Klassen der Gesellschaft machten, mußten von ihm durchdrungen werden. Die Kaiser, deren geheimem oder eingestandenem Ehrgeiz diese Predigt schmeichelte, ermutigten sie bald offen. Wenn aber auch ihre Politik aus der Verbreitung der ägyptischen Lehren Nutzen ziehen konnte, so brachten sie es doch nicht fertig, diesen in Bausch und Bogen Geltung zu verschaffen. Seit dem ersten Jahrhundert ließen sie sich von ihrer Dienerschaft und ihrer Kanzlei, die zur Hälfte aus Orientalen bestanden, *deus noster* nennen; aber sie wagten damals nicht, diesen Namen in ihre offizielle Titulatur aufzunehmen. Von dieser Zeit an konnten gewisse Cäsaren, ein Caligula, ein Nero, davon träumen, daß sie auf der Bühne der Welt dieselbe Rolle spielten wie die Ptolemäer in ihrem Königreich; sie konnten sich einbilden, daß die verschiedensten Götter in ihren Personen wiederauflebten, aber alle aufgeklärten Römer waren über solche Extravaganzen entrüstet. Der lateinische Geist empörte sich gegen die von der orientalischen Phantasie geschaffene ungeheuerliche Fiktion. Die Apotheose eines regierenden Fürsten stieß selbst noch viel später unter den letzten Heiden auf entschiedene Gegner. Um sie allgemein annehmbar zu machen, bedurfte es einer minder plumpen Theorie als der der alexandrinischen Epiphanie. Die mithrische Religion war es, welche sie darbot.

Die Perser warfen sich gleich den Ägyptern vor ihren Herrschern zur Erde nieder, aber sie betrachteten sie dennoch nicht als Götter. Wenn man dem „Dämon" des Königs einen Kult widmete, wie in Rom dem *genius Caesaris*, so verehrte man auf diese Weise nur das göttliche Element, welches in jedem Menschen vorhanden ist und einen Teil seiner Seele bildet. Die Majestät der Monarchen war lediglich deshalb eine geheiligte, weil sie ihnen von Ahura-Mazda verliehen wurde, dessen Wille sie auf den Thron berufen hatte. Sie regierten durch die Gnade des Schöpfers Himmels und der Erde. Die Iranier stellten sich diese Gnade vor wie eine Art übernatürlichen Feuers, leuchtender Aureole, „Glorie", welche vor allem den Göttern eigen war, aber auch die Fürsten umglänzte und ihre Macht heiligte. Das *Hvarenô*, wie sein Name im Avesta lautet, erleuchtet die legitimen Herrscher und weicht von Usurpatoren als Gottlosen, die bald mit seinem Besitz Krone und Leben verlieren. Denjenigen dagegen, welche es zu empfangen und zu behalten verdienen, sind immerwährendes Glück, unermeßlicher Ruhm und der Sieg über alle ihre Feinde beschieden. Diese den Persern durchaus eigentümliche Vorstellung hatte kein Äquivalent in den übrigen Mythologieen, und die fremden Völker stellten die mazdäische Glorie in wenig zutreffender Weise dem Glücke gleich: die Semiten identifizierten sie mit ihrem *Gad*[1]), die Griechen übersetzten ihren Namen mit Τύχη. Die verschiedenen Dynastieen, welche nach dem Sturze der Achämeniden ihren Stammbaum bis auf ein Glied des alten Regentenhauses zurückzuführen suchten, weihten natürlich dieser besonderen Tyche, deren Protektion sowohl die Konsequenz als der Beweis ihrer Legitimität war, einen Kult. Man sah, wie das *Hvarenô* zugleich und aus denselben Gründen von den Königen von Kappadocien und Pontus wie von denen von Baktriana verehrt wurde, und die Seleuciden, welche lange Irân beherrschten, wurden ebenfalls als die Schützlinge der von dem höchsten Gott gesandten Fortuna betrachtet. In seiner Grabschrift scheint sich Antiochus von Kommagene selbst mit der Göttin zu identifizieren. Die mazdäischen Ideen über die monarchische Gewalt verbreiteten sich so im westlichen Asien zu derselben Zeit wie der Mithriacismus. Aber gleich diesem hatten sie sich mit semitischen Lehren verflochten. Der Glaube, daß das Schicksal die Krone gibt und nimmt, zeigte sich schon bei den Achämeniden. Nun wird aber nach den Chaldäern das Geschick notwendig bestimmt durch die Revolution der Sternhimmel, und

---

[1]) Vgl. über diesen Gott Baethgen, *Beiträge zur sem. Religionsgeschichte* I., S. 76—80.

der strahlende Himmelskörper, welcher seine Begleiter zu regieren scheint, wurde als königliches Gestirn par exellence aufgefaßt. So wurde die unbesiegbare Sonne (Ἥλιος ἀνίκητος), mit Mithra identifiziert, während der alexandrinischen Periode allgemein als Spenderin des *Hvarenô* betrachtet, welches den Sieg verleiht. Der Monarch, auf welchen diese göttliche Gnade sich niederließ, war damit über die Sterblichen erhoben und wurde von seinen Untertanen als Genosse der Unsterblichen verehrt.

Nach dem Verschwinden der asiatischen Reiche übertrug sich die Verehrung, deren Gegenstand ihre Dynastieen gewesen waren, auf die römischen Kaiser. Die Orientalen begrüßten in ihnen ohne weiteres die Auserwählten der Gottheit, denen die Fortuna der Könige die Allgewalt verliehen hatte. Je mehr sich die syrischen Religionen und namentlich die Mithrasmysterien in Rom verbreiteten, um so zahlreichere Verteidiger fand die mehr oder weniger semitisch gefärbte alte mazdäische Theorie in der offiziellen Welt. Anfangs wagte sie sich nur schüchtern hervor, dann dokumentierte sie sich immer deutlicher in den heiligen Institutionen und der kaiserlichen Titulatur, deren Bedeutung nur mit ihrer Hülfe zu verstehen ist.

Seit der Zeit der Republik verehrte man zu Rom unter verschiedenen Namen die „Fortuna des römischen Volkes". Dieser alte nationale Kult verband sich frühzeitig mit den Glaubensvorstellungen des Orients, in dem nicht nur jedes Land, sondern jede Stadt ihr deifiziertes Schicksal anbetete. Wenn Plutarch uns berichtet, daß Tyche die Assyrer und die Perser verlassen habe, um Ägypten und Syrien zu durchwandern und sich auf dem Palatin niederzulassen, so ist diese Metapher noch in einem anderen Sinne wahr als in dem, welchen man darin gefunden hat. Auch den Kaisern gelang es leicht, nach dem Vorbilde ihrer asiatischen Vorgänger neben der Anbetung jener Göttin des Staates auch die Verehrung derjenigen einzuführen, welche über ihre eigene Person wachte. Die *Fortuna Augusti* erscheint seit Vespasian auf den Münzen, und ebenso wie früher die Untertanen der Diadochen schwören nun die der Cäsaren bei der Fortuna des Fürsten. Die abergläubische Devotion der letzteren für ihre Schutzherrin war so groß, daß sie wenigstens im zweiten Jahrhundert beständig, selbst während des Schlafes und auf Reisen, eine goldene Statuette der Göttin bei sich führten, welche sie sterbend ihrem Nachfolger übergaben und unter dem Namen *Fortuna regia*, einer Übersetzung von Τύχη βασιλέως, anriefen. In der Tat sind sie, sobald diese Schützerin sie verläßt, dem Tode oder Unglücksfällen und Schicksalsschlägen preisgegeben; solange sie jene behalten, kennen sie nur Glück und Erfolg.

Seit der Regierung des Commodus, von welcher an der Triumph der orientalischen Kulte und besonders der Mithrasmysterien datiert, führen die Kaiser offiziell die Titel *pius, felix, invictus*, die seit dem 3. Jahrhundert einen regelmäßigen Bestandteil der amtlichen Titulatur bilden. Diese Epitheta sind bedingt durch den eigenartigen Fatalismus, welchen Rom dem Orient entliehen hatte. Der Monarch ist „fromm", denn seine Frömmigkeit allein kann ihm die besondere Gunst erhalten, welche der Himmel ihm zu teil werden läßt; er ist „glücklich" in dem, was er beginnt (εὐτυχής), eben weil er von der göttlichen Gnade erleuchtet wird; endlich ist er „unbesiegbar", denn die Niederlage der Feinde des Reiches ist der glänzendste Beweis dafür, daß diese schirmende Gnade nicht aufhört ihn zu begleiten. Die legitime Autorität wird nicht durch Erbfolge oder durch ein Votum des Senates verliehen, sondern durch die Götter, und sie offenbart sich durch den Sieg.

Alles dies ist den alten mazdäischen Anschauungen konform, und der Gebrauch des letzten Adjektivs verrät außerdem die Einwirkung der astrologischen Theorieen, welche sich mit dem Parsismus verschmolzen hatten. *Invictus*, ἀνίκητος ist, wie wir gesehen haben, der gewöhnliche Beiname der aus dem Orient eingeführten Gestirngötter und vor allem der Sonne. Die Kaiser haben diese Bezeichnung offenbar gewählt, um sich mit der himmlischen Gottheit in Verbindung zu bringen, deren Vorstellung jene sofort hervorrief. Die Lehre, daß das Los der Staaten wie das der Individuen an den Lauf der Gestirne geknüpft sei, hatte als Korollarium die andere nach sich gezogen, daß der Beherrscher der Planeten auch über die Fortuna der Könige gebiete. Er war es, der diese auf den Thron erhob oder von ihm herabstürzte, der ihnen ihre Siege verbürgte oder sie mit Schicksalsschlägen heimsuchte. Sol wird als der Begleiter (*comes*) des Kaisers und als sein persönlicher Beschützer (*conservator*) betrachtet. Wir haben gesehen, daß Diokletian in Mithra den *fautor imperii sui* verehrte.

Indem sich die Cäsaren den Beinamen „der Unbesiegbare" gaben, bekundeten sie sonach den innigen Bund, welchen sie mit der Sonne geschlossen hatten, und strebten darnach, sich ihr zu assimilieren. Aus demselben Grunde haben sie das noch überschwänglichere Epitheton „der Ewige" angenommen, welches, schon seit längerer Zeit im gewöhnlichen Verkehr gang und gäbe, im 3. Jahrhundert auch ein Bestandteil des offiziellen Formulars wurde. Dieser Beiname wird, wie der erste, namentlich von den Sonnengottheiten des Orients geführt, deren Kultus sich im Anfange unserer Zeitrechnung nach Italien verbreitete. Auf die Herrscher angewandt, verrät er noch deutlicher als der vorhergehende die Überzeugung, daß sie aufgrund ihrer engen Gemeinschaft mit Sol durch eine Art Wesensidentität mit ihm verbunden seien.

Diese Überzeugung offenbarte sich auch in den Sitten des Hofes. Das himmlische Feuer, welches ewig in den Gestirnen leuchtet, die immer wieder über die Finsternis triumphieren, wurde symbolisch dargestellt durch das nie erlöschende Feuer, welches im Palast der Cäsaren brannte und bei den offiziellen Zeremonien vor ihnen hergetragen wurde. Dieser beständig flammende Herd war schon für die Perserkönige das Sinnbild der Ewigkeit ihrer Herrschergewalt und ging samt den mystischen Ideen, welche er zum Ausdruck brachte, auf die Diadochen, dann auf die Römer über. Ebenso ist die Strahlenkrone, welche die Kaiser seit Nero nach dem Vorbilde der Seleuciden und der Ptolemäer zum Zeichen ihrer Souveränität erwählten[1]), ein Beweis für diese politischreligiösen Tendenzen. Ein Symbol des Glanzes der Sonne und der Strahlen, welche sie aussendet, schien

---

1) Vgl. oben S. 23, Fig. 1.

sie den Monarchen dem Gotte gleichzustellen, dessen Licht unsere Augen blendet.

In welche heilige Beziehung setzte man die strahlende Scheibe, welche den Himmel erleuchtet, zu dem menschlichen Bildnis, welches sie auf Erden repräsentiert? Der loyale Eifer der Orientalen kannte kein Maß in seinen Apotheosen. Die Sassanidenkönige nannten sich, wie ehemals die Pharaonen, „Brüder der Sonne und des Mondes", und die Cäsaren wurden beinahe in derselben Weise in Asien als successive Verkörperungen des Helios betrachtet. Manche Selbstherrscher billigten die Gleichstellung ihrer Person mit dieser Gottheit und ließen sich Statuen errichten, welche sie mit ihren Attributen geschmückt darstellten. Sie ließen sich sogar als Emanationen des Mithra anbeten. Aber diese unsinnigen Ansprüche wurden von dem nüchternen Verstande der lateinischen Völker zurückgewiesen. Wie wir bereits angedeutet haben, vermeidet man im Abendlande derartige absolute Behauptungen. Man gefällt sich in Metaphern; man liebt es, den Herrscher, der die bewohnte Welt regiert, und dem nichts entgehen kann, was sich ereignet, mit der himmlischen Leuchte zu vergleichen, welche das Universum erhellt und seine Geschicke bestimmt. Man gebraucht vorzugsweise vage Ausdrücke, welche alle möglichen Auslegungen zulassen. Man erkennt an, daß der Fürst mit den Unsterblichen durch irgend ein verwandtschaftliches Verhältnis verknüpft ist, ohne jedoch den Charakter des letzteren näher zu bezeichnen. Nichtsdestoweniger führte die Vorstellung, daß der Sonnengott den Kaiser in seiner Obhut hätte, und daß übernatürliche Wirkungen von dem einen auf den anderen ausgingen, allmählich zu der ihrer Konsubstantialität.

Nun lieferte die von den Mysterien gelehrte Psychologie für diese Konsubstantialität eine rationelle Erklärung und gab ihr beinahe eine wissenschaftliche Grundlage. Ihren Annahmen zufolge präexistieren die Seelen im Empyreum, und wenn sie auf die Erde niedersteigen, um den Körper aufzusuchen, in den sie eingehen wollen, so durchreisen sie dabei die Sphären der Planeten und empfangen von jedem derselben irgendwelche Eigenschaften. Für alle Astrologen ist die Sonne, woran wir bereits erinnert haben, das königliche Gestirn, und infolgedessen ist sie es, welche ihren Auserwählten die Tugenden des Herrschers verleiht und sie zur Regierung beruft.

Es ist ohne weiteres ersichtlich, wie sehr diese Theorieen die Prätensionen der Cäsaren begünstigten. Sie sind in Wahrheit die Herren nach dem Recht der Geburt (*deus et dominus natus*), denn seit ihrer Ankunft in der Welt haben die Sterne sie für den Thron bestimmt; sie sind göttlich, denn sie tragen gewisse Elemente der Sonnengottheit in sich, deren vorübergehende Inkarnation sie in gewissem Sinne darstellen. Vom gestirnten Himmel herabgestiegen, werden sie nach ihrem Tode dorthin zurückkehren, um bei den Göttern als ihresgleichen ewig zu leben. Der gemeine Mann bildete sich sogar ein, daß der verstorbene Kaiser, ganz wie Mithra am Schlusse seiner Laufbahn, von Helios auf seiner glänzenden Quadriga entrückt würde.

So kombinierte die Dogmatik der persischen Mysterien zwei Theorieen verschiedenen Ursprungs, welche beide darauf ausgingen, die Fürsten über die gewöhnliche Menschheit zu erheben. Einerseits wurde die alte mazdäische Vorstellung des *Hvarenô* zur „Fortuna des Königs", welche ihn mit himmlischer Gnade erleuchtet und ihm den Sieg verleiht. Anderseits ermöglichte die Idee, daß die Seele des Monarchen in dem Augenblicke, wo das Schicksal sie hienieden ankommen ließ, ihre Herrschergewalt von der Sonne empfinge, die Behauptung, daß sie an der Gottheit dieses Planeten teilnehme und sein Repräsentant auf Erden sei.

Diese religiösen Vorstellungen können uns heute absurd und beinahe monströs erscheinen. Nichtsdestoweniger sind sie jahrhundertelang von Millionen sehr verschieden gearteter Menschen geteilt und haben diese in einunddersleben monarchischen Überzeugung vereint. Mochten auch die gebildeten Stände, in denen die literarische Überlieferung immer einige Spuren des alten republikanischen Geistes erhielt, demgegenüber bis zu einem gewissen Grade skeptisch gestimmt bleiben, das Volksbewußtsein nahm diese theokratischen Hirngespinste mit Wohlgefallen in sich auf und ließ sich von ihnen bestimmen, solange das Heidentum dauerte. Man kann sogar sagen, daß sie den Sturz der Idole überlebten, und daß die Verehrung der Menge wie das Zeremoniell des Hofes fortfuhren die Person des Souveräns als ein übernatürliches Wesen zu betrachten. Aurelian hatte versucht eine offizielle Religion einzuführen, welche umfassend genug sein sollte, um sämtliche Kulte seiner Staaten in sich aufzunehmen, und die, wie bei den Persern, zur Rechtfertigung und Stütze des kaiserlichen Absolutismus gedient haben würde. Dieser Versuch scheiterte vor allem an der unversöhnlichen Opposition der Christen. Aber der Bund von Thron und Altar, von welchem die Cäsaren des 3. Jahrhunderts geträumt hatten, verwirklichte sich unter anderer Gestalt, und eine seltsame Wendung der Dinge fügte es, daß die Kirche dazu berufen wurde, das Gebäude zu stützen, dessen Grundfesten sie erschüttert hatte. Das Werk, welches die Priester des Serapis, des Baal und des Mithra vorbereitet hatten, wurde ohne sie und im Gegensatz zu ihnen vollendet; aber sie hatten nichtsdestoweniger zuerst im Abendlande das göttliche Recht der Könige gepredigt und so den Anstoß zu einer Bewegung gegeben, deren Schwingungen sich bis in das Unendliche fortsetzen sollten.

VIERTES KAPITEL.
DIE LEHRE DER MYSTERIEN.

Mehr als drei Jahrhunderte lang wurde der Mithriacismus in den entferntesten römischen Provinzen und unter den verschiedensten Verhältnissen praktisch ausgeübt. Es ist nicht anzunehmen, daß seine heiligen Überlieferungen während dieser langen Zeit keine Veränderung erlitten haben, und daß die philosophischen Anschauungen, welche nacheinander die Geister beherrschten, geschweige denn die politische und soziale Lage des Reiches ohne Einfluß auf sie geblieben sind. Aber wenn auch die persischen Mysterien im Occident gewiß modifiziert worden sind, so erlaubt uns doch die Lückenhaftigkeit der Denkmäler, über welche wir verfügen, weder die Phasen ihrer Entwicklung zu verfolgen noch die lokalen Unterschiede, welche sie möglicherweise aufgewiesen haben, klar herauszustellen. Alles, was wir erreichen können, beschränkt sich darauf, die Lehren, welche in ihnen verkündigt wurden, in großen Zügen zu skizzieren und stellenweise die Zusätze oder die Retouchierungen anzudeuten, welche sie erfahren zu haben scheinen. Übrigens waren die Veränderungen, welche mit ihnen vorgingen, im großen und ganzen oberflächlicher Art. Die Identität der Bilder und der hieratischen Formeln bei aller Verschiedenheit der

Zeit und des Ortes liefert den Beweis dafür, daß dieser reformierte Mazdaismus seine Theologie bereits vor der Epoche seiner Einbürgerung in den lateinischen Ländern im wesentlichen abgeschlossen hatte. Im Gegensatz zu dem alten griechisch-römischen Paganisimus, einem Sammelsurium von Zeremonien und Glaubensvorstellungen ohne logischen Zusammenhang, hatte der Mithriacismus in der Tat eine wirkliche Theologie, ein dogmatisches System, welches seine fundamentalen Prinzipien der Wissenschaft entlehnte.

Anscheinend glaubt man im allgemeinen, daß Mithra der einzige iranische Gott sei, welcher in den Occident eingeführt worden ist, und daß alles in seinem Kulte, was sich nicht unmittelbar auf ihn bezieht, späterer Zusatz und jungen Datums sei. Dies ist jedoch eine willkürliche und irrige Voraussetzung: Mithra wurde auf seinen Wanderungen von einem großen Teile des mazdäischen Pantheons begleitet, und wenn er auch in den Augen der Gläubigen der vornehmste Heros der Religion ist, welcher er seinen Namen gegeben hat, so ist er doch nicht ihr höchster Gott.

An die Spitze der göttlichen Hierarchie und an den Anfang der Dinge stellte die mithrische Theologie als Erbin der zrvanistischen Magier die Unendliche Zeit. Man nannte sie bisweilen Αἰών oder *Saeculum*, Κρόνος oder *Saturnus*, aber diese Bezeichnungen waren konventionell und zufällig, denn sie wurde als unaussprechlich betrachtet, wie ohne Namen so auch ohne Geschlecht und ohne Leidenschaften. In Nachahmung eines orientalischen Prototyps stellte man sie dar als ein Ungeheuer in Menschengestalt mit einem Löwenkopfe, den Leib

— 82 —

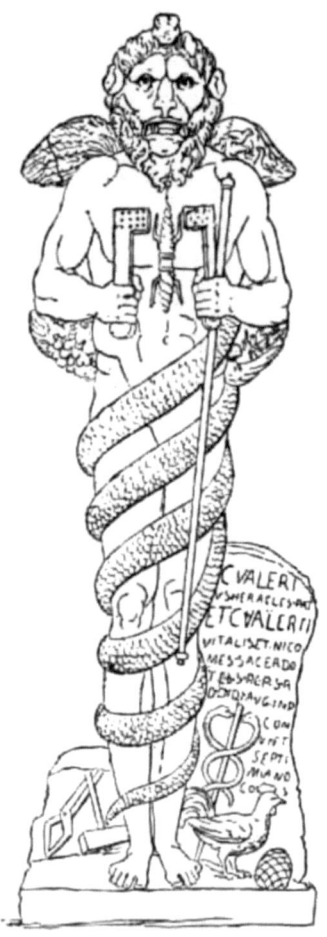

Fig. 2. Löwenköpfiger Gott (mithrischer Kronos) in der Vatikanischen Bibliothek (nach Lajard, *Introduction*, t. LXX).

von einer Schlange umwunden (Fig. 2). Die Mannigfaltigkeit der Attribute, mit denen man die Statuen dieses Gottes überhäuft, entspricht der Unbestimmtheit seines Charakters.[1]) Er führt das Scepter und den Blitz als souveräne Gottheit und hält in jeder Hand einen Schlüssel als Herr des Himmels, dessen Pforten er öffnet. Seine Flügel versinnbildlichen die Schnelligkeit des Laufes, das Reptil, dessen Windungen ihn umschlingen, erinnert an die gewundene Bahn der Sonne auf der Ekliptik, die auf seinem Körper angebrachten Zeichen des Tierkreises und die Embleme der Jahreszeiten, welche sie begleiten, weisen auf die himmlischen und irdischen Erscheinungen hin, welche die ewige Flucht der Jahre bezeichnen. Er schafft und zerstört alle Dinge, er ist der Herr und der Führer der vier Elemente, aus denen das Weltall besteht, und er vereinigt virtuell in sich die Macht aller Götter, die

---

1) Vgl. die Abbildung. — Ein wichtiges italienisches Basrelief, welches den mithrischen Kronos umgeben von den Zeichen des Tierkreises darstellt, wurde vom Verf. kürzlich publiziert *Revue archéol.* 1902, p. 1 ss.

er allein erzeugt hat. Bisweilen identifizierte man ihn mit dem vorherbestimmten Schicksal, in anderen Fällen sah man in ihm ein Urlicht oder ein Urfeuer, und die eine wie die andere Vorstellung ermöglichte es, ihn der letzten Ursache der Stoiker anzunähern, der überall verbreiteten Wärme, die alles gebildet hat, und die, aus einem anderen Gesichtspunkte betrachtet, das Verhängnis (Είμαρμένη) war.

Die Priester des Mithra suchten das große Problem des Ursprunges der Welt durch die Annahme einer Reihe von successiven Zeugungen zu lösen. Das oberste Prinzip brachte nach einer alten Vorstellung, die sich auch in Indien und Griechenland wiederfindet, ein Urpaar hervor, den Himmel und die Erde, und diese gebar, von ihrem Bruder befruchtet, den gewaltigen Ozean, der seinen Eltern an Macht gleichsteht und mit ihnen die höchste Trias des mithrischen Pantheons gebildet zu haben scheint. Das Verhältnis dieser Trias zu Kronos oder der Zeit, aus der sie hervorgegangen war, wurde nicht klar definiert, und der gestirnte Himmel, dessen Umwälzung, so glaubte man, den Verlauf aller Ereignisse bestimmte, schien bisweilen mit dem ewigen Schicksal zusammenzufließen.

Diese drei kosmischen Gottheiten wurden unter anderen, weniger durchsichtigen Namen personifiziert. Der Himmel war kein anderer als Oromazdes oder Jupiter, die Erde war identisch mit Speñta-Armaîti oder Juno, und der Ozean hieß noch Apâm-Napât oder Neptun. Ebenso wie die griechischen Theogonieen berichteten die mithrischen Überlieferungen, daß Zeus dem Kronos, dem Könige der ersten Zeiten, in der Regierung der Welt gefolgt sei. Die Basreliefs zeigen uns diesen mazdäischen Saturn, wie er seinem Sohne den Blitz, das Zeichen seiner Herrschermacht übergibt. Seitdem regiert Jupiter mit seiner Gemahlin Juno über die anderen Götter, welche sämtlich ihnen ihre Existenz verdanken.

In der Tat sind die olympischen Gottheiten der Ehe des himmlischen Jupiter und der irdischen Juno entsprossen. Ihre erstgeborene Tochter ist Fortuna (*Fortuna primigenia*), welche ihren Anbetern alle Güter des Leibes und namentlich der Seele verleiht. Ihre hilfreiche Güte stellt sie der Anagke gegenüber, welche das strenge und unerbittliche Verhängnis repräsentiert. Themis oder das Gesetz, die Moiren oder die *Fata* waren andere Personifikationen des Schicksals, welches in mannigfaltigen Formen seine einer unendlichen Entwicklung fähige Natur offenbart. Das oberste Paar hat nicht nur dem Neptun das Leben gegeben, der sein ebenbürtiger Genosse geworden ist, sondern noch einer ganzen Reihe anderer Unsterblicher: Artagnes oder Herkules, dessen Heldenarbeiten die heiligen Hymnen besangen; Sharevar oder Mars, der die Metalle regierte und dem frommen Krieger in der Schlacht beistand; Vulkan oder Atar, dem Genius des Feuers; Merkur, dem Boten des Zeus; Bacchus oder Haoma, der Personifikation der Pflanze, welche den heiligen Trank lieferte; Silvanus oder Drvâspa, dem Schützer der Rosse und des Ackerbaues; sodann Anaïtis, der Göttin der befruchtenden Wasser, welche in dieser Eigenschaft mit Venus und Cybele verglichen und als Herrin des Krieges auch unter dem Namen der Minerva angerufen wurde; Diana oder Luna, welche den Honig hervorbrachte, der bei den

Reinigungen verwandt wurde; Vanainti oder Nike, welche den Königen den Sieg verlieh; Asha oder Arete, der vollkommenen Tugend, und noch anderen. Diese unzählbare Menge von Gottheiten thronte mit Jupiter und Juno auf den schimmernden Gipfeln des Olymp und bildete ihren himmlischen Hofstaat.

Diesem lichten Aufenthalt, wo mit strahlendem Glanze umkleidet die oberen Götter wohnen, steht ein finsteres Reich gegenüber, das in den Tiefen der Erde belegen ist. Ahriman oder Pluto, gleich Jupiter von der Unendlichen Zeit erzeugt, regiert dort mit Hekate über die verderblichen Ungeheuer, welche ihren unreinen Umarmungen entsprossen sind.

Die Dämonen, die Untertanen des Königs der Unterwelt, haben den Himmel gestürmt und den Nachfolger des Kronos zu entthronen versucht. Aber die aufrührerischen Ungetüme, niedergeschmettert von dem Herrn der Götter wie die griechischen Giganten, sind wieder in den Abgrund gestürzt, aus dem sie emporgestiegen waren. Doch können sie ihn auch jetzt noch verlassen und dann schweifen sie auf der Oberfläche der Erde umher, um hier allerhand Plagen zu verbreiten und die Menschen zu verderben. Diese müssen, um die Übel abzuwenden, welche ihnen drohen, die bösen Geister durch die Darbringung von Sühnopfern beschwichtigen. Der Eingeweihte versteht auch, sie durch entsprechende Riten und vermittelst der Kraft der Inkantationen seinen Zwecken dienstbar zu machen und sie gegen die Feinde loszulassen, auf deren Verderben er sinnt.

Die Götter beschränken sich ebenfalls nicht auf die ätherischen Sphären, welche ihnen als Aufenthalt zugewiesen sind. Wenn die Theogonie sie darstellt, wie sie sich im Olymp um ihre Eltern und Herren scharen, so zeigt die Kosmologie sie unter einem anderen Gesichtswinkel. Ihre Energie erfüllt die Welt; und sie sind die wirksamen Prinzipien ihrer Wandlungen. Das Feuer, personifiziert unter dem Namen Vulkan, ist die erhabenste dieser Naturkräfte und wird in allen seinen Manifestationen angebetet, wie es in den Gestirnen oder im Blitze leuchtet, wie es die Lebewesen durchhaucht, das Wachstum der Pflanzen hervorruft, oder sich im Schoße der Erde verbirgt. Im Hintergrunde der unterirdischen Krypten loderte es beständig auf den Altären, und die Gläubigen fürchteten seine Reinheit durch sakrilegische Berührungen zu beflecken.

In ihrer Naivetät meinten sie, daß Feuer und Wasser Bruder und Schwester seien, und brachten diesem denselben abergläubischen Respekt entgegen wie jenem. In gleicher Weise verehrten sie die salzige Flut, welche die Abgründe des Meeres erfüllt und von ihnen unterschiedslos Neptun oder Oceanus benannt wurde, die Quellen, welche den Tiefen der Erde entspringen, die Flüsse, welche an ihrer Oberfläche dahingleiten, und die Seen, welche sie als klare Spiegel schmücken. Eine nie versiegende Quelle floß in der Nähe der Tempel und empfing die Huldigungen und die Opfer der Besucher. Diese *fons perennis* war zugleich das Bild der materiellen und moralischen Gaben, welche die unerschöpfliche Güte der Unendlichen Zeit über das Universum ausgießt, wie das der geistigen Erquickung, welche der dürstenden Seelen in der seligen Ewigkeit harrt.

Die gebärende und nährende Erde, die von den Wassern des Himmels befruchtete *Terra mater* nahm einen ebenso wichtigen Platz wenn auch nicht im Ritual, so doch in der Lehre ein, und die vier Hauptwinde, welche man in Beziehung zu den deifizierten Jahreszeiten setzte, wurden als bald wohltätige, bald furchtbare Genien angerufen. Man fürchtete sie nicht nur als launische Herren des Wetters, welche Kälte oder Hitze, Stille oder Sturm bringen, die Atmosphäre abwechselnd befeuchten oder austrocknen, die Vegetation des Frühlings entstehen und das Laub des Herbstes verwelken lassen, sondern man verehrte sie auch als verschiedene Manifestationen der Luft selbst, des Prinzips alles Lebens.

Hymnen, von einem seltsamen Symbolismus erfüllt, besangen die Wandlungen, welche der Gegensatz dieser vier Prinzipien in der Welt hervorbringt.[1]) Der höchste Gott lenkt einen Wagen, der mit vier Rennern bespannt ist, welche sich unaufhörlich in einem bestimmten Kreise herumbewegen. Der erste, welcher auf seinem glänzenden Haarkleide die Zeichen der Planeten und der Sternbilder trägt, ist kräftig und behend und durchmißt mit äußerster Schnelligkeit die Peripherie der vorgeschriebenen Laufbahn. Der zweite, weniger stark und weniger schnell, hat ein dunkles Fell, dessen eine Seite nur von den Strahlen der Sonne beleuchtet wird; der dritte trabt noch langsamer und der vierte dreht sich um sich selbst, auf seine stählerne Stange beißend, während seine Gefährten ihn wie einen Eckstein umkreisen. Lange dreht sich das Viergespann ohne Unfall, seinen nie unterbrochenen Lauf vollendend. Aber in einem bestimmten Augenblicke trifft der brennende Atem des

---

1) Dio Chrysost., *Or.*, XXXVI, § 39 ss. (*T. et M.* t. II, p. 60 ss.).

ersten Rosses das vierte und setzt seine stolze Mähne in Brand, sodann überflutet sein Nachbar, dessen Kräfte erschöpft sind, es mit strömendem Schweiß. Endlich vollzieht sich ein noch wunderbarerer Vorgang: das Aussehen des Gespannes verwandelt sich, die Rosse vertauschen untereinander ihr Wesen dergestalt, daß die Substanz aller auf das stärkste und feurigste von ihnen übergeht, als wenn ein Bildhauer, der kleine Wachsfiguren modelliert hat, von der einen etwas entliehe, um die anderen zu vervollständigen, und schließlich sie alle zu einer einzigen verknetete. Nun wurde der Renner, der in diesem göttlichen Kampfe siegreich geblieben und durch seinen Triumph allmächtig geworden war, identisch mit dem Wagenlenker selbst. Das erste Roß ist die Verkörperung des Feuers oder des Äthers, das zweite die der Luft, das dritte die des Wassers und das vierte die der Erde; die Unfälle, welche dieses treffen, bedeuten die Brände und die Überschwemmungen, welche unsere Welt verheert haben und verheeren werden, und der Sieg des ersten versinnbildlicht den schließlichen Weltbrand, der die bestehende Ordnung der Dinge vernichten wird.

Die kosmische Quadriga, welche die übersinnliche Ursache lenkt, ist von der heiligen Ikonographie nicht dargestellt worden. Diese reserviert das symbolische Gespann für einen sichtbaren Gott. Die Anhänger des Mithra beteten, wie die alten Perser, die Sonne an, welche jeden Tag auf einem Wagen die Räume des Firmaments durcheilte, um mit dem Sinken der Dämmerung ihre Feuergluten in den Ozean zu tauchen. Sobald sie über dem Horizonte erschien, verscheuchte ihr srahlendes Licht die Geister der

Finsternis, und sie reinigte die Schöpfung, in die ihr Glanz das Leben zurückbrachte. Ebenso weihte man der Luna einen Kult, welche in den oberen Sphären auf einer von weißen Stieren gezogenen Biga fuhr. Das für Ackerbau und Viehzucht bedeutsame Tier war der Göttin beigegeben worden, welche dem Wachstum der Pflanzen und der Erzeugung der lebenden Wesen vorstand.

Die Elemente waren mithin nicht die einzigen Naturkörper, welche in den Mysterien deifiziert wurden. Die beiden Lichter, welche die Natur befruchten, wurden in ihnen ebenso verehrt wie im ursprünglichen Mazdaismus, aber die Vorstellung, welche sich die Aryas von ihnen machten, war unter dem Einfluß der chaldäischen Theorieen durchaus umgewandelt worden.

Wie wir bereits erwähnten (vgl. S. 9 f.), hatten die alten Glaubensvorstellungen der Perser in Babylon notwendigerweise die Einwirkung einer scheinbar wissenschaftlichen Theologie erfahren, und die meisten Götter Irâns waren den im Euphrattal angebeteten Gestirnen assimiliert worden. Sie erhielten so einen neuen Charakter, der von ihrem früheren gänzlich verschieden war, und derselbe göttliche Name empfing damals eine doppelte Bedeutung und behielt sie im Occident. Es gelang den Magiern nicht, diese neuen Lehren mit ihrer alten Religion in Übereinstimmung zu bringen, denn die semitische Astrologie war ebenso unvereinbar mit dem iranischen Naturalismus wie mit dem griechischen Paganismus. Indem aber der Klerus diese Widersprüche als einfache Gradunterschiede in der Erkenntnis einer einzigen Wahrheit betrachtete, reservierte er die Mitteilung der mazdäischen Lehre über Anfang und Ende des Menschen und der Welt für eine Anzahl von Auserwählten, während die Menge sich mit einem blendenden und oberflächlichen Symbolismus begnügen mußte, wie er durch die Spekulationen der Chaldäer begünstigt wurde. Die astronomischen Allegorieen verbargen der Neugier der Uneingeweihten die wahre Bedeutung der hieratischen Darstellungen, und das Versprechen einer vollständigen, wenn auch weit hinausgeschobenen Aufklärung nährte die Glut des Glaubens durch die faszinierende Anziehungskraft des Mysteriums.

Die mächtigsten dieser Gestirngottheiten, welche man vorzugsweise anrief und denen man die meisten Opfer zuwendete, waren die Planeten. Den astrologischen Theorieen gemäß schrieb man ihnen Kräfte und Beziehungen zu, deren Gründe für uns oft nicht zu erkennen sind. Jeder von ihnen beherrschte einen Tag der Woche, jedem war ein Metall geheiligt, jeder wurde mit einer Stufe der Initiation verbunden, und ihrer Anzahl verdankte die Zahl 7 eine ganz besondere religiöse Kraft. Bei ihrer Herabkunft aus dem Empyreum auf die Erde empfingen die Seelen, so glaubte man, von ihnen nach und nach ihre Leidenschaften und ihre Eigenheiten. Häufig werden sie auf den Denkmälern dargestellt, bald durch Symbole, welche entweder an die Elemente erinnern, aus denen sie gebildet sind, oder an die Opfer, welche man ihnen darbrachte, bald in der Gestalt der Unsterblichen, welche im griechischen Olymp thronen, Helios, Selene, Ares, Hermes, Zeus, Aphrodite, Kronos. Nur haben diese Bilder hier eine ganz andere Bedeutung als dann, wenn sie Ahura Mazda, Zrvan oder die übrigen Götter des

Mazdaismus darstellen. Man erblickt in ihnen nicht mehr die Personifikationen des Himmels oder der Unendlichen Zeit, sondern lediglich die leuchtenden Gestirne, deren irrenden Lauf wir inmitten der Sternbilder verfolgen können. Dieses doppelte System der Erklärung wurde besonders auf die Sonne angewendet, welche man bald als identisch mit Mithra und bald als von ihm verschieden betrachtete. In Wirklichkeit gibt es in den Mysterien zwei Sonnengottheiten, eine iranische, welche die Erbin des persischen Hvare, und eine semitische, welche ein Substitut des mit Mithra identifizierten babylonischen Shamash ist.

Neben den Planetengöttern, welche noch einen doppelten Charakter besitzen, erhielten auch reine Gestirngottheiten ihren Tribut an Huldigungen. Die zwölf Zeichen des Tierkreises, welche bei ihrer täglichen Revolution die Wesen ihren entgegengesetzten Einflüssen unterstellen, wurden in allen Mithraeen in ihrer traditionellen Gestalt abgebildet. Jedes von ihnen war ohne Zweifel während des Monats, den es regierte, der Gegenstand einer besonderen Verehrung, und man liebte es, sie zu drei und drei zu gruppieren nach den Jahreszeiten, denen sie entsprachen und deren Kultus mit dem ihrigen verbunden war.

Die Zeichen des Zodiakus waren nicht die einzigen Sternbilder, welche die Priester in ihre Theologie aufgenommen hatten. Nachdem die astronomische Interpretationsmethode in den Mysterien einmal zugelassen war, wurde sie ohne Vorbehalt auf alle möglichen Dinge ausgedehnt. Es gab keinen Gegenstand und kein Tier, welches nicht irgendwie als das Bild einer Sterngruppe betrachtet werden konnte. So wurden der Rabe, der Krater, der Hund, der Löwe, welche gewöhnlich den stiertötenden Mithra umgeben, leicht mit den gleichnamigen Sternbildern identifiziert. Die beiden Hemisphären des Himmels, welche sich abwechselnd über die Erde hin und unter ihr her bewegen, wurden selbst personifiziert und den Dioskuren assimiliert, welche nach dem hellenischen Mythus abwechselnd leben und sterben. Die Mythologie vermischte sich überall mit der Gelehrsamkeit: die Hymnen beschrieben einen Helden, dem griechischen Atlas ähnlich, der auf seinen nie ermüdenden Schultern die Kugel des Firmamentes trug und als der Erfinder der Astronomie galt. Aber diese Halbgötter wurden in den Hintergrund verwiesen: die Planeten und die Zeichen des Tierkreises behielten immer einen unbestreitbaren Vorrang, weil sie vor allem nach der Meinung der Astrologen das Dasein der Menschen und den Lauf der Dinge regierten.

Die wichtige Lehre, welche Babel in den Mazdaismus eingeführt hat, ist der Glaube an das Verhängnis, die Idee eines unvermeidlichen Schicksals, welches die Ereignisse dieser Welt lenkt und an die Revolution des gestirnten Himmels geknüpft ist. Dieses mit Zrvan identifizierte Schicksal wird das höchste Wesen, welches alles geschaffen hat und das Universum regiert. Die Entwicklung desselben ist unabänderlichen Gesetzen unterworfen, und seine verschiedenen Teile sind durch innige Solidarität miteinander verbunden. Die Stellung der Planeten, ihre gegenseitigen Beziehungen und ihre in jedem Augenblick wechselnden Wirkungen erzeugen die Reihenfolge der irdischen Erscheinungen. Die Astrologie, deren Dogmen diese Postulate ausmachen, verdankt jedenfalls einen Teil ihres Erfolges der mithrischen Propaganda, und diese ist daher auch mit verantwortlich für den Sieg jener Pseudowissenschaft im Abendlande mit seinem Gefolge von Irrtümern und Schrecken.

Die strenge Logik seiner Schlußfolgerungen sicherte diesem ungeheuren Wahngebilde eine vollständigere Herrschaft über die denkenden Geister als der Glaube an höllische Mächte und an Beschwörungen, aber der letztere wirkte stärker auf die Leichtgläubigkeit des Volkes. Die unabhängige Gewalt, welche der Mazdaismus dem Prinzip des Bösen zuschrieb, erlaubte es, alle occultistischen Bräuche zu rechtfertigen. Die Nekromantie und die Oniromantie, der Glaube an den bösen Blick und an Talismane, an Hexerei und Beschwörungen — alle die kindischen oder unheilvollen Verirrungen des antiken Heidentums wurden legitimiert durch die Rolle, welche man den Dämonen zuwies, die sich unaufhörlich in die menschlischen Angelegenheiten einmischten. Man kann den persischen Mysterien den schweren Vorwurf machen, daß sie alle diese abergläubischen Praktiken entschuldigt, vielleicht sogar gepredigt haben. Und nicht ohne Grund machte der Volksmund aus dem Namen Magier ein Synonym von Schwarzkünstler.

Weder die Vorstellung einer unerbittlichen Notwendigkeit, welche das menschliche Geschlecht mitleidslos einem unbekannten Ziele entgegentreibt, noch auch die Furcht vor den bösen Geistern, die auf sein Verderben sinnen, haben die Massen an die Altäre der mithrischen Götter zu locken vermocht. Die Strenge dieser düsteren Lehren wurde gemildert durch den Glauben an hülfreiche Mächte, welche ein mitfühlendes Herz für die Leiden der Sterblichen besitzen. Selbst die Planeten waren keineswegs, wie in den didaktischen Büchern der astrologischen Theoretiker, kosmische Mächte, deren günstige oder verhängnisvolle Einwirkung je nach der Richtung eines von aller Ewigkeit her bestimmten Laufs wuchs oder abnahm. Sie waren — ähnlich wie in der alten chaldäischen Religion — Gottheiten, welche sahen und hörten, sich freuten oder betrübten, deren Grimm man versöhnen und deren Gunst man gewinnen konnte durch Gebete und Opfer. Der Gläubige setzte sein Vertrauen auf den Beistand der wohltätigen Beschützer, welche die Mächte des Bösen rastlos bekämpften.

Die Hymnen, welche die Taten der Götter feierten, sind leider fast sämtlich verloren gegangen, und wir kennen jene epischen Überlieferungen beinahe nur aus den Monumenten, welche sie illustrierten. Doch läßt sich der Charakter dieser heiligen Poesie noch aus den Bruchstücken erkennen, welche von ihr auf uns gelangt sind. So wurden die Arbeiten des Verethraghna, des mazdäischen Herkules, in Armenien besungen, man erzählte dort, wie er die Drachen erwürgt und Jupiter geholfen habe, die ungeheuerlichen Giganten zu besiegen, und ebenso wie die Anhänger des Avesta verglichen ihn die römischen Adepten des Mazdaismus mit einem wehrhaften und verwüstenden Eber.

Aber der Held, welcher in diesen kriegerischen Erzählungen die vornehmste Rolle spielte, war Mithra. Großtaten, welche in den Büchern des Zoroastrismus von anderen Gottheiten berichtet werden, wurden auf seine Person übertragen. Er war der Mittelpunkt eines Kreises von Legenden geworden, welche allein den bevorzugten Platz erklären, welchen man ihm im Kultus einräumte. Vermöge der von ihm vollbrachten glänzenden Taten hat dieser Gott, der in der olympischen Hierarchie keineswegs den obersten Rang einnimmt, den im Abendland verbreiteten persischen Mysterien seinen Namen gegeben.

Mithra war, wie wir gesehen haben, für die alten Magier der Gott des Lichts, und da das Licht von der Luft getragen wird, so nahm man an, daß er die Mittelzone zwischen dem Himmel und der Unterwelt bewohne, und gab ihm aus diesem Grunde den Namen μεcίτης. Um diese Eigenschaft im Ritual zu bezeichnen, heiligte man ihm den 16. Tag eines jeden Monats, d. h. seine Mitte. Als er mit Shamash identifiziert wurde[1]), erinnerte man sich, wenn man ihm diesen Namen „Mittler" beilegte, ohne Zweifel daran, daß nach chaldäischer Lehre die Sonne den Mittelplatz im Chor der Planeten einnahm. Aber diese Mittelstellung ist nicht rein lokal; man verband mit ihr vor allem eine moralische Bedeutung. Mithra ist der „Mittler" zwischen dem unzugänglichen und unerkennbaren Gott, welcher in den ätherischen Sphären herrscht, und dem Menschengeschlecht, welches sich hienieden regt und leidet. Shamash hatte schon in Babylon ähnliche Funktionen, und auch die griechischen Philosophen betrachteten die schimmernde Kugel, welche ihr Licht über uns ausgießt, als das stets gegenwärtige Bild des unsichtbaren Wesens, dessen Dasein nur unsere Vernunft erfaßt.

---

1) Cf. oben S. 9.

In dieser sekundären Eigenschaft als Sonnengenius vor allem ist Mithra im Occident bekannt geworden, und die figürlichen Darstellungen erinnern oft an diesen erborgten Charakter. Man pflegte ihn zwischen zwei Kindern abzubilden, von denen das eine eine erhobene, das andere eine gesenkte Fackel trägt, und denen man die rätselhaften Epitheta *Cautes* und *Cautopates* gab, die aber nur eine doppelte Inkarnation seiner eigenen Persönlichkeit sind. Diese beiden Dadophoren und der stiertötende Heros bildeten eine Trias, und man sah in diesem „dreifachen Mithra" entweder das Tagesgestirn, dessen Aufgang am Morgen der Hahn verkündet, das mittags triumphierend den Zenith überschreitet und abends müde an den Horizont herabsinkt, oder die Sonne, die an Kraft wachsend in das Sternbild des Stieres eintritt und den Frühlingsanfang bezeichnet, deren siegreiche Gluten die Natur im Mittsommer befruchten, und die, schon schwächer geworden, das Zeichen des Skorpions passiert und die Wiederkehr des Winters ankündigt. Von einem anderen Gesichtspunkte aus betrachtete man den einen der beiden Fackelträger als das Emblem der Wärme und des Lebens, den andern als das der Kälte und des Todes. Ebenso war die Gruppe des stiertötenden Gottes mit Hilfe eines mehr geistreichen als vernünftigen astronomischen Symbolismus auf verschiedene Weise erklärt worden; aber diese siderischen Erklärungen waren nur Spielereien, mit welchen man die Neophyten ergötzte, bevor ihnen die esoterischen Lehren enthüllt wurden, die sich wieder auf die alte iranische Mithralegende bezogen. Ihre Erzählung ist verloren gegangen, aber die Basreliefs berichten uns gewisse Episoden aus ihr, und ihr Inhalt scheint ungefähr der folgende gewesen zu sein.

Das Licht, welches dem als ein festes Gewölbe aufgefaßten Himmel entspringt, war in der Mythologie der Magier Mithra geworden, der aus einem Felsen geboren wird. Die Tradition erzählte, daß der „gebärende Stein" (*Petra genetrix*), dessen Abbild man in den Tempeln verehrte, ihm das Leben gegeben habe an den Ufern eines Flusses, im Schatten eines heiligen Baumes, und nur Hirten hätten, im benachbarten Gebirge versteckt, das Wunder seiner Ankunft in der Welt beobachtet. Sie hatten gesehen, wie er sich der Felsmasse entrang, das Haupt mit einer phrygischen Mütze bedeckt, schon mit einem Messer bewaffnet und eine Fackel tragend, welche die Finsternis erhellt hatte (Fig. 3). Dann

Fig. 3. Mithras Felsengeburt. Relief vom Esquilin (nach *Bull. arch. municip.* 1874, t. XXI, 2).

waren die Hirten gekommen, um das göttliche Kind anzubeten und ihm die Erstlinge ihrer Herden und ihrer Erntefrüchte darzubringen. Aber der junge Heros war nackt und dem Winde ausgesetzt, der mit Heftigkeit wehte; er hatte sich daher aufgemacht, um sich in den Ästen eines Feigenbaumes zu verstecken, dann mit Hilfe seines Messers die Früchte des Baumes abgeschnitten, um sich davon zu nähren, und ihn schließlich seiner Blätter beraubt, um sich Kleider daraus zu fertigen. So für den Kampf gerüstet, konnte er sich nun mit den anderen Mächten messen, welche die wunderbare Welt bevölkerten, in die er eingetreten war. Denn obwohl bereits Hirten ihre Herden weideten, ereignete sich doch dies alles, bevor es Menschen auf der Erde gab.

Der Gott, gegen den Mithra zuerst seine Kräfte erprobte, war der Sonnengott. Dieser mußte sich vor der Überlegenheit seines Rivalen beugen und von ihm die Investitur empfangen. Sein Besieger setzte ihm die Strahlenkrone auf das Haupt, welche er seit dieser Zeit während seines täglichen Laufes trug. Dann ließ er ihn sich wieder erheben und schloß mit ihm, indem er ihm seine rechte Hand reichte, einen feierlichen Freundschaftsvertrag (Fig. 4, s. Tafel II). Seitdem unterstützten sich die beiden verbündeten Helden getreulich bei allen ihren Unternehmungen.

Das erstaunlichste dieser epischen Abenteuer war der Kampf zwischen Mithra und dem Stier, dem ersten lebenden Wesen, das von Jupiter-Oromazdes geschaffen war. Diese naive Fabel führt uns in die Anfänge der Kultur selbst zurück. Sie hat nur bei einem Volke von Hirten und Jägern entstehen können, bei dem das Vieh als die Quelle alles Reichtums ein Gegenstand religiöser Verehrung geworden war, und dem der Fang eines wilden Stieres als eine so ehrenvolle Tat galt, daß selbst ein Gott sich nicht zu erniedrigen schien, wenn er zum Büffeljäger wurde. Der ungebändigte Stier weidete auf irgend einer Prärie in den Bergen; der Heros packte ihn mit listig-kühnem Griff bei den Hörnern und brachte es fertig, sich auf seinen Rücken zu schwingen. Der wütende Vierfüßler setzte sich in Galopp und trug seinen Reiter in rasendem Laufe dahin, aber dieser ließ ihn nicht los, wenn er auch abgeworfen wurde; er ließ sich an den Hörnern des Tieres hängend schleifen, das bald erschöpft seinen Widerstand aufgeben mußte. Sein Besieger faßte es dann bei den Hinterbeinen und zog es rückwärts in die Höhle, die ihm als Wohnung diente, und zwar auf einem mit Hindernissen übersäeten Wege. Dieser mühselige „Übergang" (*Transitus*) des Mithra war zu einer Allegorie der menschlichen Prüfungen geworden. Aber es gelang dem Stiere ohne Zweifel seiner Haft zu entwischen, um auf das Feld zu laufen. Da sandte der Sonnengott den Raben, seinen Boten, um seinem Bundesgenossen den Befehl zu überbringen, den Flüchtling zu töten. Mithra erfüllte mit widerstrebendem Herzen diesen grausamen Auftrag, aber dem ausdrücklichen Geheiß des Himmels sich fügend verfolgte er mit seinem flinken Hunde das umherschweifende Tier, und es gelang ihm, es in dem Augenblicke zu erreichen, wo es sich in die Höhle flüchtete, die es verlassen hatte. Mit der einen Hand es bei den Nüstern fassend, stieß er ihm mit der andern sein Jagdmesser in die Flanke.

Da begab sich ein außerordentliches Wunder: aus dem Körper des sterbenden Tieres entstanden alle heilsamen Kräuter und Pflanzen, welche die Erde mit ihrem Grün bedeckten. Aus seinem Rückenmark sproßte das Getreide hervor, welches das Brot, und aus seinem Blute der Weinstock, der den heiligen Trank der Mysterien liefert. Mochte auch der böse Geist auf das zuckende Tier seine unreinen Kreaturen loslassen, um in ihm die Quelle des Lebens zu vergiften: der Skorpion, die Ameise und die Schlange versuchten vergeblich die Genitalien des fruchtbaren Vierfüßlers zu verzehren und sein Blut zu trinken; sie vermochten den Vollzug des Wunders nicht zu hindern. Der von dem Monde (Luna) gesammelte und gereinigte Same des Stieres erzeugte alle Arten nützlicher Tiere, und seine Seele, von dem Hunde, dem treuen Begleiter Mithras beschützt, erhob sich bis in die himmlischen Sphären, wo sie, zum Gott geworden, unter dem Namen Silvanus die Herden in ihre Obhut nimmt. So war der stiertötende Heros durch das Opfer, zu dem er sich entschlossen hatte, der Schöpfer aller heilbringenden Wesen geworden, und aus dem Tode, den er herbeigeführt hatte, war ein neues, reicheres und fruchtbareres Leben geboren (Fig. 5, s. Tafel II).

Inzwischen war das erste Menschenpaar ins Dasein gerufen, und Mithra wurde damit beauftragt, dieses bevorzugte Geschlecht zu bewachen. Vergeblich erweckte der Geist der Finsternis allerhand Plagen, um es zu vernichten; der Gott wußte seine verderblichen Pläne immer zu vereiteln. Zuerst verwüstete Ahriman die Felder, indem er ihnen eine anhaltende Dürre sandte, und ihre Bewohner riefen, von Durst gequält, seinen stets siegreichen Gegner um Hilfe an. Der göttliche Bogenschütze schnellte seine Pfeile gegen einen schroffen Felsen; da entsprang ihm eine Quelle lebendigen Wassers, und die Flehenden kamen, um an ihr den lechzenden Gaumen zu erfrischen.[1]) Dann hatte, so erzählte man, eine noch furchtbarere Überschwemmung die ganze Natur bedroht. Eine allgemeine Sintflut, herbeigeführt durch

---

1) Vgl. Fig. 5 (in den Ecken über den Zeichen des Tierkreises) und Fig. 4 (unten).

die Wogen des Meeres und der ausgetretenen Flüsse, hatte die Erde entvölkert. Aber ein Mensch, von den Göttern gewarnt, hatte sich ein Schiff erbaut und sich mit seinem Vieh in die Arche gerettet, die auf der Wasserwüste schwamm. Endlich hatte das Feuer die Welt verheert, die Ställe verzehrt und die Wohnungen in Asche verwandelt; aber die Kreaturen des Oromazdes waren auch dieser neuen Gefahr dank dem Schutze des Himmels entgangen, und seitdem hatte das Menschengeschlecht im Frieden wachsen und sich vermehren können.

Die heroische Periode der Geschichte war zu Ende und die irdische Mission des Mithra erfüllt. In einem letzten Mahle, dessen die Eingeweihten durch mystische Agapen gedachten, feierte er mit Helios und den übrigen Genossen seiner Mühsale das Ende ihrer gemeinsamen Kämpfe. Dann kehrten die Götter in den Himmel zurück: von der Sonne auf ihrer strahlenden Quadriga entführt, überschritt Mithra den Ozean, dem es nicht gelang, ihn zu verschlingen, um fortan bei den andern Unsterblichen zu wohnen, aber von der Höhe des Himmels herab beschirmte er auch fernerhin die Gläubigen, welche ihm in Frömmigkeit dienten.

Diese mithrische Erzählung von dem Anfange der Welt läßt uns die Wichtigkeit, welche der stiertötende Gott für den Kultus besaß, besser verstehen und ebenso besser begreifen, was die heidnischen Theologen mit dem Titel „Mittler" ausdrücken wollten. Mithra ist der Schöpfer, dem Jupiter-Oromazdes die Fürsorge für die Herstellung und Aufrechterhaltung der Ordnung in der Natur anvertraut hat. Er ist, um in der philosophischen Sprache jener Zeit zu reden, der aus Gott emanierte Logos, welcher an seiner Allmacht teilnimmt und, nachdem er als Demiurg die Welt gestaltet hat, weiter über sie wacht. Die anfängliche Niederlage Ahrimans hat diesen nicht zur Ohnmacht verurteilt. Der Kampf zwischen Gut und Böse setzt sich auf Erden fort zwischen den Sendboten des olympischen Herrschers und denen des Fürsten der Dämonen; er offenbart sich in den himmlischen Sphären in dem Gegensatze der günstigen und der ungünstigen Sterne und spiegelt sich im Herzen des Menschen, des Mikrokosmos.

Das Leben ist eine Prüfung, und um siegreich aus dieser hervorzugehen, muß man das Gesetz halten, welches die Gottheit selbst den alten Magiern gegeben hat. Welche Verpflichtungen legte der Mithriacismus seinen Anhängern auf, wie lauteten diese „Gebote", denen sich jene unterwerfen mußten, um in der anderen Welt belohnt zu werden? Unsere Unwissenheit ist in dieser Beziehung besonders groß, denn wir haben durchaus nicht das Recht, die in den Mysterien mitgeteilten Vorschriften mit denen zu identifizieren, welche das Avesta formuliert. Doch erscheint es als gewiß, daß die Moral der occidentalischen Magier der Zügellosigkeit der babylonischen Kulte keinerlei Zugeständnisse gemacht, sondern die Erhabenheit des altpersischen bewahrt hatte. Die vollkommene Reinheit war für sie das Endziel geblieben, nach welchem das Dasein des Gläubigen zu streben hat. Ihr Ritual enthielt wiederholte Lustrationen und Waschungen, welche die Befleckungen der Seele tilgen sollten. Diese Kathartik entsprach sowohl den mazdäischen Traditionen als den allgemeinen Tendenzen der Zeit. In der Verfolgung dieser Tendenzen trieben die

Mithriasten ihre Prinzipien sogar auf die Spitze, und ihr Vollkommenheitsideal neigte zum Asketismus. Sie sahen die Enthaltung von gewissen Nahrungsmitteln und absolute Keuschheit als lobenswert an.

Der Widerstand gegen die Sinnlichkeit war einer der Gesichtspunkte, unter denen der Kampf gegen das Prinzip des Bösen zu führen war. Diesen Kampf gegen alle Untertanen Ahrimans, die unter mannigfachen Gestalten den Göttern die Weltherrschaft streitig machten, mußten die Diener Mithras ohne Unterlaß ausfechten. Ihr dualistisches System war besonders dazu geeignet, die Anstrengung des Individuums zu begünstigen und die menschliche Energie zu entwickeln. Sie verloren sich keineswegs, wie andere Sekten, in einem beschaulichen Mystizismus. Das Gute lag für sie in der Tat. Sie zogen das Starke dem Milden vor und stellten den Mut höher als die Sanftmut. Infolge ihrer langen Berührung mit barbarischen Kulten war vielleicht in ihrer Moral sogar ein Bodensatz von Grausamkeit geblieben. Eine Religion von Soldaten, feierte der Mithriacismus vor allem die militärischen Tugenden.

In dem Kriege, welchen der aufrichtig Fromme unaufhörlich gegen die Bosheit der Dämonen führt, wird er von Mithra unterstützt. Mithra ist die hilfreiche Gottheit, welche man niemals vergeblich anruft, der sichere Hafen, der Anker des Heils für die Sterblichen in ihren Drangsalen, der starke Gefährte, welcher ihrer Schwachheit in den Versuchungen aufhilft. Er ist immer, wie bei den Persern, der Verteidiger von Wahrheit und Gerechtigkeit, der Beschirmer der Heiligkeit und der furchtbarste Widersacher der höllischen Mächte. Ewig jung und stark verfolgt er sie ohne Gnade; „immer wach, immer auf der Hut", kann man ihn nicht überraschen, und aus all' diesen unablässigen Kämpfen geht er beständig als Sieger hervor. Diese Idee kehrt unaufhörlich in den Inschriften wieder und gelangt zum Ausdruck in dem persischen Beinamen *Nabarzes*, wie den griechischen und lateinischen Epitheta ἀνίκητος, *invictus*, *insuperabilis*. Als Gott der Heere ließ Mithra seine Schützlinge über ihre barbarischen Gegner triumphieren; ebenso gab er ihnen auf moralischem Gebiete den Sieg über die verkehrten Triebe, welche vom Geiste der Lüge eingegeben sind, und verbürgte ihnen ihr Heil in dieser wie in jener Welt.

Wie alle orientalischen Sekten mischten auch die persischen Mysterien in ihre kosmogonischen Mythen und ihre theologischen Spekulationen Ideen von Erlösung und Versöhnung. Sie glaubten an das bewußte Fortleben der in uns wohnenden göttlichen Substanz, an Lohn und Strafe jenseits des Grabes. Die Seelen, welche in unendlicher Menge die Wohnungen des Höchsten bevölkerten, stiegen auf die Erde hinab, um einen Menschenleib anzunehmen, sei es, daß eine bittere Notwendigkeit sie dazu verpflichtete, in diese materielle und verderbte Welt einzugehen, oder daß sie es aus eigenem Antriebe taten, um in ihr gegen die Dämonen zu streiten. Wenn nach dem Tode der Geist des Verderbens sich des Leichnams bemächtigte, und die Seele ihr irdisches Gefängnis verließ, so kämpften die finsteren Daêvas und die Boten des Himmels um ihren Besitz. Ein Gericht entschied darüber, ob sie würdig war, in das Paradies zurückzukehren. Wenn sie durch ein unreines Leben befleckt war, so entführten die Gesandten Ahrimans sie in die Abgründe der Hölle, wo sie ihr tausend Qualen zufügten, oder vielleicht wurde sie zur Strafe für ihre Entartung bisweilen dazu verurteilt, die Leiber unreiner Tiere zu bewohnen. Wenn dagegen ihre Verdienste ihre Fehler aufwogen, so erhob sie sich zu den oberen Regionen. Der Himmel gliederte sich in sieben Sphären, von denen jede einem Planeten zugeteilt war. Eine Art Leiter, aus acht über einander gestellten Toren zusammengesetzt, von denen die sieben ersten aus sieben verschiedenen Metallen bestanden, diente in den Tempeln als symbolische Erinnerung an den Weg, den es zurückzulegen galt, um bis in die oberste Region der Fixsterne zu gelangen. In der Tat mußte man, um von einem Stockwerke in das nächstfolgende zu kommen, jedesmal eine Pforte passieren, welche von einem Engel des Oromazdes bewacht wurde. Nur die Mysten, denen man die für diesen besonderen Zweck bestimmten Formeln gelehrt hatte, wußten diese unerbittlichen Wächter zu besänftigen. Je weiter die Seele durch jene verschiedenen Zonen vordrang, um so mehr legte sie, wie Kleider, die Leidenschaften und Fähigkeiten ab, die sie empfangen hatte, als sie auf die Erde herniederschwebte: sie ließ dem Monde ihre Lebens- und Ernährungskraft, dem Merkur ihre habsüchtigen Neigungen, der Venus ihre erotischen Gelüste, der Sonne ihre intellektuellen Fähigkeiten, dem Mars ihren kriegerischen Mut, dem Jupiter ihre ehrgeizigen Wünsche, dem Saturn ihren Hang zur Trägheit. Sie war nackt, befreit von allen Mängeln und aller Sensibilität, wenn sie in den achten Himmel gelangte, um dort als erhabenes Wesen im ewigen Licht, wo die Götter wohnten, eine endlose Seligkeit zu genießen.[1])

Mithra war es, der als Schirmherr der Wahrheit den Vorsitz führte bei dem Gericht, welches die Seele nach dem Tode erwartete: er war es, der als Mittler seine Gläubigen geleitete bei ihrem furchtbaren Aufstieg zum Empyreum; er war auch der himmlische Vater, der sie in seiner leuchtenden Wohnung bewillkommete wie Kinder, die von einer weiten Reise heimgekehrt sind.

Die Glückseligkeit, welche sublimierte Monaden in einer geistigen Welt genießen sollten, war nicht leicht zu begreifen und besaß vielleicht für den Verstand des gemeinen Mannes nur wenig Anziehungskraft. Eine andere Glaubensvorstellung, welche sich jener ersten infolge einer Art Überschwängerung zugesellte, bot ihm die Aussicht auf materiellere Freuden. Die Lehre von der Unsterblichkeit der Seele wurde ergänzt durch die von der Auferstehung des Fleisches.

Der Kampf zwischen den Prinzipien des Guten und des Bösen soll sich nicht bis ins Unendliche fortsetzen; wenn die für seine Dauer bestimmten Jahrhunderte verstrichen sind, werden von Ahriman gesandte Plagen das Ende der Welt ankündigen. Ein wunderbarer Stier, der dem Urstier entspricht, wird dann wiederum auf Erden erscheinen, und Mithra wird wieder herabkommen und die Menschen auferwecken. Die ganze Menschheit wird sich zu einer

---

[1]) Diese mithrische Lehre ist neuerdings mit anderen analogen Glaubensvorstellungen verglichen und eingehend behandelt von Bousset, *Die Himmelsreise der Seele* (Archiv für Religionswissenschaft, Bd. IV) 1901, S. 160 ff.

riesenhaften Versammlung vereinen, und der Gott der Wahrheit wird die Guten von den Bösen scheiden. Dann wird er als letztes Opfer den göttlichen Stier schlachten, sein Fett mit geweihtem Wein mischen und den Gerechten diesen wunderbaren Trank darbieten, der ihnen die Unsterblichkeit verleihen wird. Darauf wird Jupiter-Oromazdes, den Bitten der Seligen willfahrend, ein verzehrendes Feuer vom Himmel fallen lassen, welches alle Bösen vernichten wird. Die Niederlage des Geistes der Finsternis wird endgültig besiegelt werden: in dem Weltbrande werden Ahriman und seine unreinen Dämonen zu grunde gehen, und das erneuerte Weltall wird sich in Ewigkeit eines vollkommenen Glückes erfreuen.

Wir, die wir nicht von der Gnade berührt worden sind, könnten verwirrt werden durch die Inkohärenz und die Absurdität dieses Corpus doctrinae, wie wir es soeben rekonstruiert haben. Eine zugleich naive und gekünstelte Theologie kombinierte in ihm primitive Mythen, deren naturalistische Bedeutung noch durchscheint, mit einem astrologischen System, dessen logischer Zusammenhang nur seine totale Verkehrtheit dartun kann. Alle Unmöglichkeiten der alten polytheistischen Fabeln standen in ihm neben philosophischen Spekulationen über die Entwicklung des Weltalls und das Schicksal des Menschen. Der Widerspruch zwischen Tradition und Reflexion tritt bei ihm offen zu Tage und wird noch verstärkt durch die Antinomie zwischen der Lehre des Fatalismus und der von der Wirksamkeit des Gebets und der Notwendigkeit des Kultus. Aber diese Religion darf ebensowenig als irgend eine andere nach ihrer metaphysischen Wahrheit beurteilt werden. Man würde ihr unrecht tun, wollte man heute ihren erkalteten Leichnam zergliedern, um die inneren Fehler ihrer Organisation zu konstatieren. Vielmehr kommt es darauf an, zu verstehen, wie der Mithriacismus gelebt hat und groß geworden ist, und warum er zur Weltherrschaft gelangen mußte.

Seine Erfolge verdankt er jedenfalls zu einem großen Teile dem Werte seiner Moral, die in hervorragendem Maße zum Handeln erzog. In einer Epoche der Erschlaffung und der Konfusion haben die Mysten in ihren Vorschriften einen Antrieb und eine Stütze gefunden. Die Überzeugung, daß der Gläubige einer heiligen Heerschar angehörte, welche damit beauftragt war, im Bunde mit dem Prinzip des Guten den Kampf gegen die Macht des Bösen auszufechten, war in besonderem Maße dazu angetan, seine Frömmigkeit in Aktivität umzusetzen und ihn mit einem glühenden Eifer zu beseelen.

Die Mysterien übten ferner eine mächtige Wirkung auf das Gefühl aus, indem sie einigen der erhabensten Aspirationen des Menschen Nahrung boten: der Sehnsucht nach Unsterblichkeit und der Zuversicht auf den schließlichen Sieg der Gerechtigkeit. Die Zukunftshoffnungen, welche diese Religion ihren Anhängern einpflanzte, bildeten eines der Geheimnisse ihrer Macht in jenen aufgeregten Zeiten, wo die Sorge um das Jenseits alle Gemüter beunruhigte.

Aber verschiedene Sekten eröffneten ihren Adepten ebenso tröstliche Perspektiven auf das zukünftige Leben. Die besondere Anziehungskraft des Mithriacismus gründete sich noch auf andere Eigenschaften seines Lehrsystems. Er befriedigte zugleich den Verstand der Gebildeten und das Herz der Einfältigen. Die Apotheose der Zeit als erster Ursache und die der Sonne als ihrer sichtbaren Manifestation, welche die Wärme und das Leben auf der Erde erhält, waren hochphilosophische Konzeptionen. Der Kultus, den man den Planeten und den Sternbildern erwies, deren Lauf die irdischen Ereignisse bestimmte, wie den vier Elementen, deren unendliche Kombinationen alle Naturerscheinungen hervorbrachten, kam schließlich auf die Anbetung der Prinzipien oder wirkenden Kräfte hinaus, welche die antike Wissenschaft anerkannt hatte, und die Theologie der Mysterien war in dieser Beziehung lediglich die religiöse Verklärung der römischen Physik und Astronomie.

Diese theoretische Übereinstimmung der offenbarten Dogmen mit den allgemein angenommenen Ideen der Gelehrten konnte die gebildeten Geister bestricken, aber sie hatte wohl kaum Einfluß auf die Ignoranz des gewöhnlichen Volkes. Dagegen mußte dieses einen starken Eindruck von einer Lehre empfangen, welche die gesamte sichtbare und fühlbare Wirklichkeit vergöttlichte. Die Götter waren überall und mischten sich in alle Vorgänge des täglichen Lebens. Das Feuer, welches die Nahrungsmittel der Gläubigen zubereitete und sie wärmte, das Wasser, welches ihren Durst löschte und sie reinigte, die Luft sogar, die sie atmeten, wie der Tag, der ihnen leuchtete, waren der Gegenstand ihrer Huldigungen. Vielleicht hat keine Religion in dem Maße, wie der Mithriacismus, ihren Anhängern Gelegenheit zum Gebet und Motive der Andacht gegeben. Wenn der Eingeweihte sich abends nach der heiligen Grotte begab, die in der Einsamkeit des Waldes verborgen war, so riefen bei jedem Schritt neue Eindrücke in seinem Herzen eine mystische Erregung hervor. Die Sterne, welche am Himmel glänzten, der Wind, der das Laub bewegte, die Quelle oder der Bach, die murmelnd zu Tal eilten, selbst die Erde, auf welche sein Fuß trat — alles war göttlich in seinen Augen, und die ganze Natur, die ihn umgab, erweckte in ihm die ehrfürchtige Scheu vor unendlichen Gewalten, welche im Weltall wirkten.

FÜNFTES KAPITEL.
DIE LITURGIE, DER KLERUS UND DIE GLÄUBIGEN.

Bei allen Religionen des klassischen Altertums gibt es eine Seite, die, obwohl ehedem ganz offen hervortretend, ja vielleicht sogar die allerwichtigste für die große Masse der Gläubigen, sich dennoch heute unserer Aufmerksamkeit beinahe vollständig entzieht. Es ist die Liturgie. Die Mysterien des Mithra bilden keine Ausnahme von dieser beklagenswerten Regel. Die heiligen Bücher, welche die Gebete, die während der Gottesdienste rezitiert oder gesungen wurden, das Ritual der Weihen und das Zeremoniell der Feste enthielten, sind fast spurlos verschwunden. Ein Vers, der einem unbekannten Hymnus entstammt, ist fast alles, was sich von ehemals sehr umfangreichen Sammlungen erhalten hat. Die alten zu Ehren der mazdäischen Götter verfaßten Gâthas waren in der alexandrinischen Zeit ins Griechische übersetzt worden, und das Griechische blieb lange Zeit hindurch die Sprache des mithrischen Kultus, selbst im Abendlande. Barbarische, den Nichteingeweihten unverständliche Worte mischten sich in den heiligen Text und erhöhten die Verehrung für das alte Formular wie das Vertrauen auf seine Wirksamkeit. So das Mithra gegebene Beiwort

Nabarze „siegreich" oder die dunkelen Anrufungen *Nama, Nama Sebesio,* die auf unsere Basreliefs graviert und noch nicht erklärt sind. Ein ausgesprochener Respekt vor den überlieferten Bräuchen ihrer Sekte war für die Magier Kleinasiens charakteristisch und erhielt sich ungeschwächt bei ihren lateinischen Nachfolgern. Noch beim Untergange des Heidentums suchten diese ihren Ruhm darin, die Götter nach den alten persischen Riten zu ehren, welche Zoroaster eingeführt haben sollte. Diese Riten unterschieden ihren Kultus scharf von allen, welche gleichzeitig mit ihm in Rom ausgeübt wurden, und verhinderten, daß man jemals seinen iranischen Ursprung vergaß.

Wenn ein glücklicher Zufall uns eines Tages irgend ein mithrisches Missale in die Hände spielte, so würden wir mit seiner Hilfe diese alten Bräuche studieren und im Geist der Feier des Gottesdienstes beiwohnen können. Da uns jedoch ein derartiger unentbehrlicher Führer nicht zu Gebote steht, so bleiben wir vom Heiligtum ausgeschlossen und kennen die innere Disziplin der Mysterien nur aus einigen Indiskretionen. Ein Text von St. Hieronymus[1], der durch eine Reihe von Inschriften bestätigt wird, lehrt uns, daß es sieben Weihegrade gab, und daß der Myste (μύστης, *sacratus*) nacheinander die Namen Rabe (*corax*), Verborgener (κρύφιος, *cryphius*), Soldat (*miles*), Löwe (*leo*), Perser (*Perses*), Sonnenläufer (Ἡλιοδρόμος, *heliodromus*) und Vater (*pater*) annahm. Diese seltsamen Bezeichnungen waren keineswegs bloße Epitheta ohne praktische Bedeutung. Bei gewissen Gelegenheiten legten die Offizianten Ver-

---

[1] *Ep. 107 ad Laetam.*

kleidungen an, welche den ihnen gewährten Titeln entsprachen. Auf einem Basrelief sehen wir sie nachgeahmte Köpfe von Tieren, Soldaten und Persern tragen.[1]) „Die einen schlagen mit den Flügeln wie die Vögel und ahmen die Stimme des Raben nach, die andern brüllen wie Löwen", sagt ein Christ des 4. Jahrhunderts[2]); „da sieht man, wie die, welche sich weise nennen, schimpflich zu Narren geworden sind".

Diese heiligen Maskeraden, deren lächerliche Seite der kirchliche Schriftsteller hervorkehrt, wurden von den heidnischen Theologen als eine Anspielung auf die Zeichen des Tierkreises oder auch wohl auf die Metempsychose erklärt. Solche Verschiedenheiten der Interpretation beweisen lediglich, daß der wahre Sinn dieser Verkleidungen nicht mehr verstanden wurde. In Wirklichkeit handelt es sich hier um ein Überlebsel (*survival*) primitiver Gebräuche, deren Spuren in vielen Kulten zu finden sind. Die Titel Bär, Ochse, Füllen begegnen uns bei den Eingeweihten verschiedener Mysterien in Griechenland und Kleinasien. Sie gehen bis auf jene Periode der Geschichte oder der Vorgeschichte zurück, in der man sich die Gottheiten selbst in tierischer Gestalt vorstellte und der Gläubige, indem er den Namen und das Aussehen seines Gottes annahm, sich mit ihm zu identifizieren glaubte. Der zu einer Verkörperung der Zeit gewordene löwenköpfige Kronos trat an die Stelle der Löwen, welche die Vorfahren der Mithriasten verehrten, und ebenso sind die Masken aus Leinwand oder Pappe, mit welchen die römischen Mysten sich

---

1) Vgl. Tafel II, Fig. 6 (Basrelief von Konjica).
2) Ps. Augustin, *Quaest. vet. et nov. Test.* 114 (*T. et M.*, t. II, p. 8).

das Gesicht bedeckten, Surrogate für die Tierfelle, in welche sich ihre barbarischen Ahnen während der Urzeit hüllten, sei es nun, daß sie glaubten, auf diese Weise mit den monströsen Idolen in Gemeinschaft zu treten, denen sie dienten, oder daß sie sich die abgezogenen Bälge der Opfertiere überwarfen, weil sie dieser blutigen Bekleidung eine reinigende Kraft zuschrieben.

Den ursprünglichen Namen Rabe, Löwe hatte man in der Folge andere beigesellt, um die heilige Siebenzahl zu erreichen. Die sieben Stufen der Initiation, welche der Myste durchlaufen mußte, um die vollkommene Weisheit und Reinheit zu erlangen, entsprachen den sieben Planetensphären, welche die Seele durchreisen mußte, um an den Aufenthaltsort der Seligen zu kommen.[1]) Nachdem man Rabe gewesen war, wurde man zu dem Range eines Geheimen oder Verborgenen (κρύφιος) befördert. Die Mitglieder dieser Klasse waren mit irgend einer Hülle bedeckt und blieben vermutlich für die übrigen Anwesenden unsichtbar: sie zu zeigen (*ostendere*) bildete einen feierlichen Akt. Der Soldat (*miles*) gehörte zu dem heiligen Heere des unbesiegbaren Gottes und bekämpfte unter seinem Befehl die Mächte des Bösen. Die Würde des Persers erinnerte an den ersten Ursprung der mazdäischen Religion; und der, welcher sie empfangen hatte, legte bei den heiligen Zeremonien orientalische Kleidung an und bedeckte sich mit der phrygischen Mütze, welche man auch Mithra zu geben pflegte. Weil dieser mit der Sonne identifiziert wurde, werden seine Diener sich mit dem Beinamen

---

1) Vgl. oben S. 104 ff.

Läufer der Sonne (Ἡλιοδρόμοι) geschmückt haben. Die „Väter" endlich sind den griechischen θίασοι entlehnt, in denen diese ehrenvolle Benennung häufig gebraucht wird, um die Leiter der Gemeinschaft zu bezeichnen.

In dieser siebenfachen Gliederung der Gläubigen gab es außerdem noch gewisse Unterschiede. Aus einer Stelle bei Porphyrius (De abstin. 4, 16) ist zu schließen, daß die Verleihung der drei ersten Grade noch nicht zur Teilnahme an den Mysterien berechtigte. Diese Eingeweihten, welche man mit den christlichen Katechumenen vergleichen kann, waren die Diener (ὑπηρετοῦντες). Um diesen Rang zu erhalten, genügte es, unter die Raben aufgenommen zu sein, die ohne Zweifel deshalb so genannt wurden, weil die Mythologie den Raben zum Diener der Sonne macht. Nur die Mysten, welche die *Leontica* empfangen hatten, wurden Teilnehmer (μετέχοντες), und aus diesem Grunde wird der Grad des *leo* in den Inschriften häufiger erwähnt als jeder andere. An der Spitze der Hierarchie endlich standen die „Väter", welche den heiligen Zeremonien vorgestanden (*pater sacrorum*) und die übrigen Kategorieen der Gläubigen geleitet zu haben scheinen. Das Oberhaupt der Väter selbst führte den Namen *Pater Patrum*, den man bisweilen in den andern *Pater patratus* verwandelte, um einen offiziellen Priestertitel in eine naturalisierte römische Sekte einzubürgern. Diese Großmeister der Adepten behielten bis an ihren Tod die allgemeine Leitung des Kultus. Der Respekt und die Liebe, welche man diesen ehrwürdigen Würdenträgern entgegenzubringen verpflichtet war, wird durch ihren Titel „Vater" angedeutet, und die ihrer Autorität unterstellten Mysten nannten sich untereinander „Brüder", weil sich die Weihgenossen (*consacranei*) in gegenseitiger Liebe zugetan sein sollten.¹)

Die Zulassung (*acceptio*) zu den niederen Weihen konnte sogar Kindern gewährt werden. Wir wissen nicht, ob man gehalten war, jedem dieser Grade eine bestimmte Zeit lang anzugehören. Die Väter entschieden wahrscheinlich, wann der Novize genügend vorbereitet war, um die höhere Weihe zu empfangen, welche sie persönlich erteilten (*tradere*).

Diese Initiationszeremonie scheint den Namen „Sakrament" (*sacramentum*) getragen zu haben, ohne Zweifel infolge des Eides, welchen man dem Neophyten auferlegte, und der demjenigen ähnelte, welchen der Rekrut zu leisten hatte, wenn er in das Heer eingereiht wurde. Der Kandidat verpflichtete sich vor allen Dingen, die Lehren und Riten geheim zu halten, welche ihm mitgeteilt werden sollten, aber man forderte von ihm auch noch andere speziellere Gelübde. So sah der Myste, welcher sich um den Titel des *miles* bewarb, wie man ihm einen Kranz auf einem Schwerte reichte. Er wies ihn mit der Hand zurück und ließ ihn auf seine Schulter herabgleiten, indem er sagte, daß Mithra sein einziger Kranz sei. Von nun an trug er niemals einen solchen wieder, weder bei festlichen Gelegenheiten, noch wenn er ihm als militärische Belohnung zuerkannt wurde, sondern antwortete demjenigen, welcher ihm den Kranz darbot: „Er gebührt meinem Gotte", d. h. dem unbesiegbaren Gotte.

---

1) Vgl. unten S. 144 Anm. 1.

Wir kennen die Liturgie der sieben mithrischen Sakramente ebenso ungenügend wie die dogmatischen Unterweisungen, von denen ein jedes derselben begleitet wurde. Doch wissen wir, daß man den Neophyten den alten iranischen Riten gemäß vielfache Waschungen vorschrieb, eine Art Taufe, welche dazu bestimmt war, die sittlichen Befleckungen zu tilgen. Gerade so wie bei gewissen Gnostikern hatte die Lustration zweifellos bei den einzelnen Weihegraden verschiedene Wirkungen und konnte, je nach der Veranlassung, in einer einfachen Besprengung mit Weihwasser oder in einem wirklichen Bade bestehen, wie im Isiskult.

Tertullian vergleicht auch die *confirmatio* seiner Glaubensgenossen mit der Zeremonie, bei welcher man „den Soldaten an der Stirn zeichnete". Indessen scheint das Zeichen oder Siegel, das man ihm gab, nicht eine Salbung, wie in der christlichen Liturgie, sondern ein mit einem glühenden Eisen aufgebranntes Mal gewesen zu sein, ähnlich demjenigen, welches man in der Armee den Rekruten vor ihrer Zulassung zum Eide aufzudrücken pflegte. Diese unauslöschliche Marke erinnerte den Professen stets an das feierliche Gelübde, durch welches er sich zum Dienst in dem Ritterorden verpflichtet hatte, welchen der Mithriacismus gleichsam darstellte. Die Aufnahme unter die „Löwen" war von neuen Reinigungen begleitet; da aber dieses Tier das Symbol des feurigen Prinzips war, so verzichtete man darauf, sich des Wassers zu bedienen, weil dieses Element dem Feuer feindlich ist. Statt dessen goß man dem Geweihten Honig auf die Hände und bestrich damit seine Zunge, um ihn vor jeder Befleckung und jeder Sünde zu bewahren. Honig wurde wegen seiner schützenden Kraft auch dem „Perser" dargeboten, erzählt uns Porphyrius[1]), und man scheint dieser Substanz in der Tat wunderbare Wirkungen beigelegt zu haben, weil man sie unter dem Einfluß des Mondes entstanden glaubte. Nach antiker Vorstellung bildete sie die Nahrung der Seligen, und ihr Genuß durch den Neophyten machte diesen der Gottheit gleich.[2])

Bei der mazdäischen Messe weihte der Zelebrant Brote und Wasser, das er mit dem von ihm zubereiteten berauschenden Haoma-Safte mischte, und verzehrte diese Nahrungsmittel im Verlaufe seiner gottesdienstlichen Funktion. Diese alten Bräuche hatten sich in den mithrischen Initiationen erhalten, nur hatte man den Haoma, eine im Occident unbekannte Pflanze, durch den Saft der Rebe ersetzt. Man stellte vor den Mysten ein Brot und einen mit Wasser gefüllten Becher, über den der Priester die heiligen Formeln sprach. Diese Oblation von Brot und Wasser, welchem man dann später zweifellos Wein beimischte, wird von den Apologeten mit der christlichen Kommunion verglichen. Wie diese wurde sie erst nach einem langen Noviziat gewährt. Wahrscheinlich wurden nur die Eingeweihten, welche den Grad der „Löwen" erreicht hatten, bei ihr zugelassen, und vermutlich erhielten sie aus diesem Grunde den Namen „Teilnehmer". Ein kürzlich publiziertes merkwürdiges Basrelief führt uns dieses heilige Mahl vor (Fig. 6, s. Tafel II): Vor zwei Personen, die sich auf einem

---

1) Porphyr., *De antro Nymph.* c. 15 (*T. et M.* t. II, p. 40).

2) Der liturgische Gebrauch des Honigs ist neuerdings erörtert von Usener, *Milch und Honig* (Hermes LVII) 1902 S. 177 f.

mit Polstern versehenen Ruhelager ausgestreckt haben, steht ein Dreifuß, welcher vier kleine Brote trägt, von denen jedes mit einem Kreuz bezeichnet ist. Um sie herum gruppieren sich die Mysten der verschiedenen Grade, und einer von ihnen, der Perser, reicht ihnen ein Trinkhorn, während ein zweites Rhyton von einem der Tischgenossen in der Hand gehalten wird. Diese Agapen sind offenbar die rituelle Gedächtnisfeier des Mahles, welches Mithra mit Sol gehalten hatte vor seiner Himmelfahrt.[1]) Man erwartete von dieser mystischen Mahlzeit, namentlich von dem Genuß des geheiligten Weines, übernatürliche Wirkungen: der berauschende Trank verlieh nicht nur Körperkraft und materielle Wohlfahrt, sondern auch Weisheit des Geistes; er stärkte den Neophyten für seinen Kampf gegen die bösen Geister; ja noch mehr, er schenkte ihm, wie seinem Gotte, eine glorreiche Unsterblichkeit.

Die Spendung der Sakramente wurde begleitet oder vielmehr eingeleitet von anderen Riten verschiedener Art, nämlich wirklichen Prüfungen, die man dem Bewerber auferlegte. Um die heiligen Waschungen und die geweihten Nahrungsmittel zu empfangen, mußte dieser sich nicht nur durch längere Enthaltsamkeit und zahlreiche Kasteiungen darauf vorbereiten, sondern er spielte auch eine passive Rolle bei gewissen dramatischen Sühnehandlungen von seltsamem Charakter, die wir weder ihrer Zahl noch ihrer Reihenfolge nach kennen. Darf man in diesem Punkte einem Kirchenschriftsteller des 4. Jahrhunderts[2])

---

1) Vgl. oben S. 101.
2) Vgl. oben S. 113 Anm. 2.

Glauben schenken, so verband man dem Neophyten die Augen, fesselte ihm die Hände mit Hühnerdärmen und ließ ihn dann über eine mit Wasser gefüllte Grube springen. Darauf nahte ein „Befreier" mit einem Messer und zerschnitt jene ekelhaften Fesseln. Unter anderen Umständen wohnte der erschrockene Myste, wenn nicht als aktiver Teilnehmer, dann jedenfalls als Zuschauer, einem fingierten Morde bei, der ursprünglich ohne Zweifel ein wirklicher gewesen war. Schließlich begnügte man sich damit, ein Schwert vorzuzeigen, welches mit dem Blute eines Menschen gefärbt war, der einen gewaltsamen Tod erlitten hatte. Die Grausamkeit dieser Zeremonien, welche bei den kriegerischen Stämmen des Taurus wilde Orgien gewesen sein müssen, hatte sich durch die Berührung mit der abendländischen Zivilisation gemildert. Sie waren jedenfalls mehr furchterregend als furchtbar geworden, und man prüfte bei ihnen weit mehr den moralischen Mut des Eingeweihten als seine physische Ausdauer. Das Ideal, welches er erreichen sollte, war die stoische „Apathie", die Befreiung von jeder gefühlsmäßigen Erregung. Die grausamen Martern, die undurchführbaren Kasteiungen, zu welchen allzu erfinderische oder allzu leichtgläubige Autoren die Adepten der Mysterien verurteilen, müssen in das Reich der Fabel verwiesen werden, ebenso die angeblichen Menschenopfer, welche im Dunkel der heiligen Krypten dargebracht sein sollen.

Dennoch würde die Annahme unrichtig sein, daß der Mithriacismus nur die harmlose Phantasmagorie einer Art antiker Freimaurerei in Szene gesetzt habe. In seinen liturgischen Dramen fanden sich immer noch Spuren ihrer ursprünglichen Barbarei, Erinnerungen an jene Zeit, als in den Wäldern, in der Tiefe einer finstern Höhle, in Tierfelle gehüllte Korybanten die Altäre mit ihrem Blut besprtzten. In den römischen Städten wurden die ehemaligen Berghöhlen als Kultstätten durch unterirdische Gewölbe (*spelaea*) ersetzt, die einen viel weniger erhabenen Anblick gewährten (Fig. 7, s. Tafel II). Aber selbst in diesen künstlichen Grotten mußten die Initiationsakte auf den Neophyten einen tiefen Eindruck machen. Wenn er den Pronaos des Tempels durchschritten hatte und die Stufen der Krypta herabgestiegen war, so erblickte er vor sich in dem glänzend geschmückten und beleuchteten Heiligtum das in der Apsis angebrachte geweihte Bild des stiertötenden Gottes, dann die mit Atributen überladenen monströsen Statuen des löwenköpfigen Kronos und andere mystische Symbole, deren Verständnis ihm noch verschlossen war. Im Halbdunkel knieten zu beiden Seiten die Anwesenden auf Steinbänken im Gebet oder zu stiller Sammlung ihrer Gedanken. Rings um den Chor angeordnete Lampen warfen ein helleres Licht auf die Bilder der Götter und auf die Offizianten, welche in seltsame Kostüme gekleidet den Neubekehrten empfingen. Unerwartete und mit Geschick verwandte Lichteffekte blendeten seine Augen und seinen Geist. Die religiöse Erregung, welche sich seiner bemächtigte, lieh in Wirklichkeit kindischen Götzenbildern ein furchtbares Aussehen; die leeren Gaukelspiele, welche man ihm vorführte, erschienen ihm als ernstliche Gefahren, welche sein Mut überwand. Der berauschende Trank, den er genoß, überreizte seine Sinne und verwirrte seinen Verstand;

er murmelte die zauberkräftigen Formeln, und sie täuschten seiner irregeleiteten Phantasie göttliche Erscheinungen vor. In seiner Ekstase glaubte er den Grenzen der Welt entrückt zu sein; und wenn er aus dieser Verzückung wieder erwachte, so sagte er mit dem Mysten des Apuleius[1]): „Ich habe die Pforten des Todes durchschritten, ich habe die Schwelle der Proserpina betreten, und nachdem ich durch alle Elemente gefahren, bin ich auf die Erde zurückgekehrt; mitten in der Nacht habe ich die Sonne in hellem Glanze strahlen gesehen; ich habe mich den unteren und den oberen Göttern genaht und habe sie angebetet von Angesicht zu Angesicht."

Die Überlieferung dieses ganzen geheimen Zeremoniells wurde sorgfältig gehütet von einem in der göttlichen Wissenschaft unterwiesenen und von allen Kategorieen der Eingeweihten unterschiedenen Klerus. Seine ersten Begründer waren jedenfalls orientalische Magier gewesen, aber wir wissen fast nichts davon, wie er sich später ergänzte und organisierte. War er erblich, wurde er auf Lebenszeit ernannt oder für einen gewissen Zeitabschnitt gewählt? Und im letzten Falle: wer hatte das Recht ihn zu wählen, und welche Bedingungen hatten die Kandidaten zu erfüllen? Keiner dieser Punkte ist genügend aufgeklärt. Wir stellen lediglich fest, daß der Priester, der dem Anschein nach unterschiedslos den Titel *sacerdos* oder *antistes* führt, oft, aber nicht immer, zu den „Vätern" gehört. In jedem Tempel fand man einen Kleriker, bisweilen auch mehrere. Alles spricht

---

[1]) Apul., *Metam.* XI, 23 fin. — es handelt sich hier um die Isismysterien.

für die Annahme, daß sich diese „Priesterschaft" zu zu einer Art Hierarchie ausgebildet hatte. Tertullian[1]) berichtet uns, daß der *summus pontifex* sich nur ein einziges Mal verheiraten durfte. Er bezeichnet mit diesem römischen Namen ohne Zweifel den „Vater der Väter", welcher die Oberaufsicht über alle Eingeweihten einer Stadt geführt zu haben scheint.[2]) Das ist die einzige Angabe, welche wir über eine Organisation besitzen, welche vielleicht ebenso fest begründet war wie die der Magier im Königreich der Sassaniden oder die der Manichäer im römischen Reiche. Derselbe Apologet fügt hinzu, daß die Anhänger des persischen Gottes, wie die Christen, ihre „Jungfrauen" (*virgines*) und ihre Asketen (*continentes*) hatten. Das Vorhandensein dieser Art mithrischen Mönchtums erscheint um so bemerkenswerter, als es dem Geiste des Zoroastrismus widerspricht, dem Zölibat irgendwelches Verdienst beizumessen.

Die Rolle des Klerus war im Mithriacismus jedenfalls bedeutender als in den griechischen und römischen Kulten. Der Priester war der berufsmäßige Mittler zwischen den Menschen und der Gottheit. Seine Funktionen bestanden offenbar vor allem in der Verwaltung der Sakramente und der Zelebrierung der Gottesdienste. Die Inschriften lehren uns außerdem, daß er die solennen Dedikationen leitete oder sogar dabei den Gläubigen mit den Vätern zusammen vertrat; aber das war doch nur der geringste Teil des Amtes, welches er zu verwalten hatte. Der religiöse Dienst, der ihm oblag,

---

1) Tertull., *De praescr. haeret.* 40 (*T. et M.*, t. II, p. 51).
2) Vgl. oben S. 115. Ich folge hier einer Anregung von Wissowa, *Religion der Römer*, 1902, S. 309.

scheint sehr anstrengend gewesen zu sein. Er mußte ohne Zweifel darüber wachen, daß ein nie verlöschendes Feuer auf den Altären brannte. Dreimal am Tage, Morgens, Mittags und in der Abenddämmerung richtete er ein Gebet an die Sonne, bei dem er sich Morgens nach Osten, Mittags nach Süden und Abends nach Westen wandte. Die tägliche Liturgie wurde häufig durch besondere Opfer erweitert. Der Zelebrant, in priesterliche Gewänder gekleidet, welche denen der Magier nachgebildet waren, schlachtete den oberen und unteren Göttern verschiedene Opfer, deren Blut in einer Grube gesammelt wurde, oder brachte ihnen auch wohl Libationen dar, wobei er das heilige Bündel in der Hand hielt, welches wir aus dem Avesta kennen. Lange Psalmodieen, von Musik begleitete Gesänge, ertönten bei den rituellen Handlungen. Ein besonders feierlicher Moment des Gottesdienstes, der zweifellos durch ein Geläut von Glöckchen bezeichnet wurde, war der, in welchem man den Eingeweihten das bis dahin bedeckte Bild des stiertötenden Mithra enthüllte. In manchen Tempeln drehte sich die skulpierte Platte um sich selbst, wie unsere Tabernakel, und ermöglichte so, die Darstellungen, welche ihre beiden Flächen schmückten, abwechselnd zu verbergen und zur Schau zu stellen.

An jedem Wochentage wurde der Planet, dem er geheiligt war, an einer bestimmten Stelle der Krypta angerufen, und der Sonntag, welchem die Sonne vorstand, wurde besonders gefeiert. Ferner verherrlichte der liturgische Kalender gewisse Daten durch Feste, über welche wir leider sehr schlecht unterrichtet sind. Vielleicht hatte der 16. Tag als

Mitte des Monats auch weiterhin, wie in Persien, Mithra als Patron. Dagegen hört man im Abendlande niemals von der Feier der *Mithrakana* reden, die doch in Asien so populär waren.[1]) Sie waren jedenfalls auf den 25. Dezember verlegt, denn ein sehr allgemeines Herkommen forderte, die Wiedergeburt der Sonne (*Natalis invicti*), welche vom Wintersolstitium an wieder zu wachsen begann, durch heilige Freudenfeste auszuzeichnen. Auch haben wir gewisse Gründe für die Annahme, daß die Äquinoktien ebenfalls Feiertage waren, an denen man mit irgend einer Begrüßung die Wiederkehr der deifizierten Jahreszeiten weihte. Die Initiationen fanden vorzugsweise gegen Frühlingsanfang statt, im März oder im April, ungefähr um die Osterzeit, wo die Christen gleichfalls ihre Katechumenen zur Taufe zuließen. Aber von den Riten aller dieser Feiern, wie überhaupt von allem, was sich auf die Heortologie der Mysterien bezieht, wissen wir fast nichts.

Die mithrischen Gemeinden waren nicht nur durch ein geistiges Band geeinte Bruderschaften, sondern auch Assoziationen, welche eine juristische Existenz besaßen und das Eigentumsrecht genossen. Für die Verwaltung ihrer Geschäfte und die Wahrnehmung ihrer irdischen Interessen wählten sie Beamte, welche man weder mit den Eingeweihten noch mit den Priestern verwechseln darf. Die Titel, welche die Mitglieder dieser Kirchengemeinderäte in den Inschriften führen, beweisen uns, daß die Organisation der Kollegien der Anbeter Mithras sich

---

1) Vgl. oben S. 8.

nicht von derjenigen der anderen religiösen *sodalicia* unterschied, sondern wie diese der Verfassung der Munizipien oder der Marktflecken nachgebildet war. Diese Korporationen führten eine offizielle Liste ihrer Mitglieder, ein *album sacratorum*, in welchem die letzteren nach der Ordnung ihres Ranges und ihrer Würden aufgezeichnet wurden. An ihrer Spitze stand ein Rat von Dekurionen, ein leitender Ausschuß, der ohne Zweifel in einer Generalversammlung ernannt wurde, eine Art Senat en miniature, dessen zehn erste Mitgliedar (*decem primi*), wie in den Städten, besondere Vorrechte besaßen. Sie hatten ihre Obmänner (*magistri*) oder jährlich gewählten Vorsitzenden, ihre Kuratoren (*curatores*), denen finanzielle Befugnisse zustanden, ihre Anwälte (*defensores*), welche die Interessen der Kultvereine vor Gericht oder bei den Verwaltungsbehörden zu vertreten hatten, endlich Patrone (*patroni*), angesehene Personen, von denen sie nicht nur wirksame Protektion, sondern auch pekuniäre Unterstützungen erwarteten, die ihnen ermöglichten, ihr Budget zu balancieren.

Da der Staat ihnen keinerlei Dotation gewährte, so hing ihr Wohlstand ausschließlich von der Freigebigkeit Privater ab. Die freiwilligen Beiträge, welche die regelmäßigen Einnahmen des Kollegiums bildeten, deckten kaum die Kosten des Kultus, und die geringste außerordentliche Ausgabe war für die gemeinsame Kasse eine schwere Last. Diese aus kleinen Leuten bestehenden Kultgenossenschaften konnten nicht daran denken, mit ihren bescheidenen Mitteln prächtige Tempel zu errichten. Gewöhnlich erhielten sie von irgend einem freundlich gesinnten Besitzer ein Grundstück, auf dem sie ihre Kapelle errichten oder vielmehr ausschachten konnten, und ein anderer Wohltäter bestritt die Kosten des Baues. Bisweilen stellte ein reicher Bürger den Mysten einen Keller zur Verfügung, in dem sie sich einrichteten, so gut es gehen wollte. Wenn die ersten Schenkgeber nicht im stande waren, die innere Ausschmückung der Krypta und die Herstellung der heiligen Bilder zu bezahlen, so schossen andere Brüder die erforderliche Summe zusammen, und eine ehrende Inschrift erhielt die Erinnerung an ihre Opferwilligkeit. Drei Weihinschriften zu Rom führen uns die Begründung einer solchen Kongregation von Mithriasten vor Augen[1]): Ein Freigelassener und ein Freigeborener haben sich zusammengetan, um einen marmornen Altar zu schenken; zwei andere Eingeweihte haben einen zweiten gestiftet, und ein Sklave hat ebenfalls seine bescheidene Gabe beigesteuert. Zum Lohn für ihre Freigebigkeit erhalten die hochherzigen Spender die höchsten Würden in der kleinen Gemeinde. Infolge jener Liberalität richtet diese sich allmählich ein und kann sich schließlich sogar einen gewissen Luxus erlauben. Der Marmor folgt dem gewöhnlichen Stein, die Skulptur ersetzt den Stuck, und die Mosaik tritt an die Stelle der Malerei. Wenn endlich der erste Tempel vor Alter einstürzt, ist die reich gewordene Gemeinschaft häufig in der Lage, ihn in neuer Pracht wiedererstehen zu lassen.

Die Menge der Gaben, deren die epigraphischen Texte gedenken, bezeugt die Anhänglichkeit der

---

[1]) CIL. VI, 556, 717, 734 = 30 822 (*T. et M.* t. II, p. 101, nos. 47—48 bis).

Gläubigen an die Bruderschaften, in welche sie aufgenommen worden waren. Dank der unentwegten Hingabe Tausender von eifrigen Anhängern konnten diese Gemeinden, die organischen Zellen des großen religiösen Körpers, leben und sich entwickeln. Der Orden gliederte sich in eine Masse kleiner engverbundener Vereine, welche dieselben Riten in denselben Heiligtümern vollzogen. Die geringe Größe der Tempel, in denen sie sich versammelten, zeigt, daß die Anzahl ihrer Mitglieder immer sehr beschränkt gewesen ist. Selbst wenn man annimmt, daß allein die „Teilnehmer" in der unterirdischen Krypte zugelassen wurden, während die Eingeweihten niederer Grade nur Zutritt zum Pronaos hatten, können diese Assoziationen kaum mehr als etwa hundert Seelen gezählt haben. Sobald die Zahl der Mitglieder übermäßig wuchs, baute man eine neue Kapelle, und der Kultverein teilte sich. In diesen festgeschlossenen Gemeinden, in welchen alle sich gegenseitig kannten und unterstützten, herrschte die Intimität einer großen Familie. Die von einer aristokratischen Gesellschaft gezogenen Grenzlinien verwischten sich hier, wo die Annahme desselben Glaubens den Sklaven neben, bisweilen selbst über den Dekurionen und den *clarissimus* stellte. Alle unterwarfen sich denselben Vorschriften, alle wurden zu denselben Festen geladen, alle ruhten nach ihrem Tode ohne Zweifel in einem gemeinsamen Begräbnis. Obwohl man bisher noch kein mithrisches Coemeterium gefunden hat, machen es die besonderen Glaubensvorstellungen der Sekte über das zukünftige Leben und ihre so eigenartigen Riten doch sehr wahrscheinlich, daß ihre Kollegien, wie die meisten *sodalicia*, nicht nur religiöse, sondern auch funeräre Zwecke verfolgten. Sie übte jedenfalls die Beerdigung, und der lebhafteste Wunsch ihrer Anhänger war gewiß, ein zugleich ehrenvolles und frommes Begräbnis zu erhalten, ein „ewiges Haus", wo sie in Frieden den Tag der Auferstehung erwarten konnten. Wenn der Brudername, den sich die Eingeweihten gaben, kein leeres Wort war, so mußten sie sich gegenseitig wenigstens diese letzte Wohltat erweisen.

Das sehr unvollkommene Bild, welches wir uns von dem inneren Leben der mithrischen Konventikel zu entwerfen vermögen, hilft uns doch, die Gründe ihrer raschen Vermehrung besser zu erkennen. Die armseligen Plebejer, welche zuerst massenhaft in sie eintraten, fanden in dem Brudersinn dieser Kongregationen eine Hülfe und eine Stärkung. Indem sie sich ihnen anschlossen, traten sie aus ihrer Isolierung und ihrer Verlassenheit heraus, um Glieder einer mächtigen, streng hierarchisch organisierten Gemeinschaft zu werden, deren Verzweigungen einem über die ganze Fläche des Reiches ausgespannten Netze glichen. Überdies befriedigten die Titel, welche ihnen hier verliehen wurden, den für jeden Menschen natürlichen Wunsch, eine gewisse Rolle in der Welt zu spielen und von seinesgleichen irgendwie geachtet zu werden.

Zu diesen rein weltlichen Beweggründen gesellten sich die mächtigeren Motive des Glaubens. Die Glieder dieser kleinen Verbände bildeten sich ein, die bevorzugten Besitzer einer uralten, aus dem fernen Orient stammenden Weisheit zu sein. Das Dunkel, von welchem diese unergründlichen Geheimnisse umgeben waren, erhöhte die Verehrung, welche sie einflößten: *Omne ignotum pro magnifico est.* Die stufenweise aufeinander folgenden Weihen ließen den Neophyten immer erhabenere Wahrheiten erhoffen, und die seltsamen Bräuche, mit welchen sie verbunden waren, machten auf seine naive Seele einen unauslöschlichen Eindruck. Man glaubte in diesen mystischen Zeremonien eine Aufmunterung und einen Trost zu finden und fand beides auch wirklich darin, indem die Suggestion zur Realität wurde; man fühlte sich von seinen Sünden gereinigt durch die rituellen Waschungen, und diese Taufe befreite das Gewissen von der Last schwerer Verantwortung; man kehrte gestärkt von diesen heiligen Mahlen heim, welche die Verheißung eines besseren Lebens in sich trugen, in dem die Leiden dieser Welt ihren Ausgleich finden würden. Die erstaunliche Expansion des Mithriacismus ist großenteils diesen grenzenlosen Illusionen zuzuschreiben, die lächerlich sein würden, wenn sie nicht so durchaus menschlich wären.

Aber in dem Wettbewerb der rivalisierenden religiösen Gemeinschaften, welche sich unter den Cäsaren um die Herrschaft über die Seelen stritten, machte ein Nachteil den Kampf für die persische Sekte ungleich. Während die meisten orientalischen Kulte den Frauen eine bedeutende, bisweilen sogar ausschlaggebende Rolle zugestanden und dafür in ihnen glühende Anhängerinnen fanden, verbot ihnen Mithra die Teilnahme an seinen Mysterien und beraubte sich so einer wertvollen Unterstützung seiner Propaganda. Die rauhe Disziplin des Ordens gestattete ihnen nicht, Grade in den geheiligten Kohorten zu erwerben, und sie erhielten, wie bei den

Mazdäern des Orients, nur einen untergeordneten Platz in der Gemeinschaft der Gläubigen. Unter den Hunderten von Inschriften, welche auf uns gekommen sind, erwähnt nicht eine einzige eine Priesterin, eine Eingeweihte oder auch nur eine Schenkgeberin. Doch eine Religion, welche nach der Weltherrschaft strebte, konnte nicht die Erkenntnis der göttlichen Dinge der Hälfte der Menschheit vorenthalten, und daher schloß sie, um auch der weiblichen Frömmigkeit Nahrung zu bieten, in Rom einen Bund, der sicherlich zu ihrem Erfolge beitrug. Die Geschichte des Mithriacismus im Abendlande würde unverständlich bleiben, wollte man von seiner Politik bezüglich des übrigen Heidentums absehen.

SECHSTES KAPITEL.
MITHRA UND DIE RELIGIONEN DES KAISERREICHES.

Die Akten der orientalischen Märtyrer zeugen in beredter Weise von der Unduldsamkeit des nationalen Klerus im sassanidischen Persien, und schon die Magier des alten Reiches, waren sie auch keine Verfolger, bildeten mindestens eine exklusive Kaste, vielleicht sogar einen privilegierten Stamm. Die Priester Mithras gaben niemals einen Beweis von ähnlichem Radikalismus. Wie das alexandrinische Judentum, so war auch der Mazdaismus in Kleinasien durch den Einfluß der hellenischen Kultur humanisiert. In eine fremde Welt versetzt, mußte er sich den Sitten und Ideen anpassen, welche in ihr herrschten, und das Wohlwollen, mit welchem er aufgenommen wurde, ermunterte ihn dazu, bei seiner versöhnlichen Politik zu beharren. Die iranischen Götter, welche Mithra auf seinen Wanderungen begleiteten, wurden im Occident unter griechischen und lateinischen Namen verehrt, die avestischen Yazatas nahmen die Gestalt der Unsterblichen an, die im Olymp thronen, und diese Tatsachen beweisen zur Genüge, daß die asiatische Religion, weit entfernt davon, den alten griechisch-römischen Glaubensvorstellungen feindlich gegenüberzutreten, sich ihnen anzuschmiegen suchte, wenigstens dem Anschein nach. Ein frommer Myste konnte, ohne seinen Glauben zu verleugnen, der kapitolinischen Trias, Jupiter, Juno und Minerva, ein Weihgeschenk widmen; er faßte diese Götternamen nur in einem von ihrem gewöhnlichen Verständnis abweichenden Sinne auf. Wenn das angeblich den Eingeweihten auferlegte Verbot, an anderen Mysterien teilzunehmen, jemals beachtet wurde, so konnte es doch den synkretistischen Tendenzen des kaiserlichen Paganismus nicht lange widerstehen: im 4. Jahrhundert findet man „Väter der Väter", welche das höchste Priesteramt in den verschiedensten Tempeln ausüben.

Überall wußte sich die Sekte mit Geschick der Umgebung anzupassen, in der sie zu leben hatte. Im Donautale übte sie auf den einheimischen Kultus eine Wirkung aus, welche eine längere Berührung zwischen ihnen voraussetzt. In der Rheingegend wurden keltische Gottheiten in den Krypten des persischen Gottes oder jedenfalls in ihrer unmittelbaren Nachbarschaft verehrt. Je nach der Gegend nahm so die mazdäische Theologie verschiedene Färbungen an, deren Abstufung unser Auge nur unvollkommen zu erkennen vermag, aber diese dogmatischen Nuancen gestalteten nur die nebensächlichen Details der Religion verschieden, ohne ihre fundamentale Einheit irgendwie in Frage zu stellen. Nichts spricht dafür, daß jene Modifikationen einer biegsamen Lehre Häresieen hervorgerufen haben. Ihre Konzessionen waren rein formeller Natur. In Wirklichkeit assimilierte sich der im Abendlande zu seiner vollen Reife erwachsene oder bereits von

Altersschwäche ergriffene Mithriacismus die Elemente nicht mehr, welche er dem ihn umgebenden Leben entlieh. Die einzigen Einflüsse, welche seinen Charakter von Grund aus umgestalteten, waren die, welche er in seiner Jugend inmitten der Völkerschaften Asiens erfuhr.

Die engen Beziehungen, welche Mithra mit gewissen Gottheiten dieses Erdteils verbanden, gründeten sich nicht nur auf die natürliche Verwandtschaft, welche alle diese orientalischen Emigranten im Gegensatz zum griechisch-römischen Heidentum einte. Die alte religiöse Feindschaft der Ägypter und der Perser erhielt sich sogar noch im kaiserlichen Rom, und die iranischen Mysterien scheinen von denen der Isis durch eine geheime Rivalität, wenn nicht gar durch einen offenen Gegensatz geschieden gewesen zu sein. Sie verbündeten sich dagegen ohne Umstände mit den syrischen Kulten, welche mit ihnen aus Asien nach Europa gekommen waren. Ihre ganz mit chaldäischen Theorien durchsetzte Predigt mußte eine große Ähnlichkeit mit derjenigen der semitischen Religionen aufweisen. Der schon in seinem Vaterland Kommagene gleichzeitig mit Mithra verehrte Jupiter Dolichenus, der immer, wie jener, eine vorzugsweise militärische Gottheit blieb, findet sich neben ihm in allen Ländern des Occidents. Zu Carnuntum in Pannonien grenzten ein Mithraeum und ein Dolichenum sogar unmittelbar aneinander. Der Baal, der Herr des Himmels, hatte sich leicht mit dem zu Jupiter-Caelus gewordenen Oromazdes verschmolzen, und Mithra konnte ohne allzugroße Mühe dem Sonnengott der Syrer assimiliert werden. Selbst die Riten der beiden Liturgien scheinen gewisse Ähnlichkeiten dargeboten zu haben.

Ebenso wie in Kommagene hatte sich der Mazdaismus auch in Phrygien mit der Religion des Landes zu verständigen gesucht. Man hatte in der Vereinigung von Mithra und Anâhita das Äquivalent des Verhältnisses gefunden, welches zwischen den großen einheimischen Gottheiten Attis und Cybele bestand, und das Einvernehmen zwischen den beiden heiligen Paaren setzte sich in Italien fort. Das älteste bekannte Mithraeum stieß an das *Metroon* in Ostia, und man hat allen Grund zu glauben, daß der Kultus des iranischen Gottes und der der phrygischen Göttin über die ganze Ausdehnung des römischen Reiches hin in enger Gemeinschaft mit einander lebten. Trotz der tiefgehenden Unterschiede ihres Charakters führten politische Motive sie zusammen. Indem die Anhänger Mithras sich die Freundschaft der Priester der *Mater Magna* sicherten, gewannen sie die Unterstützung eines mächtigen, offiziell anerkannten Klerus und nahmen in gewissem Maße an dem Schutze teil, den der Staat ihm gewährte. Da ferner nur Männer den geheimen Zeremonien der persischen Liturgie beiwohnen durften, mußten andere Mysterien, zu welchen die Frauen zugelassen wurden, irgendwie mit den ersteren verbunden werden, um sie zu ergänzen. So folgte die Große Mutter der Anâhita nach; sie hatte ihre *Matres*, wie Mithra seine „Väter", und ihre Eingeweihten gaben sich gegenseitig den Namen „Schwestern", wie die Gläubigen ihres Genossen den Brudernamen führten.

Dieses folgenreiche Bündnis war namentlich vorteilhaft für den alten in Rom naturalisierten Kultus von Pessinus. Das rauschende Gepränge seiner Feste verhehlte nur schlecht die Dürftigkeit seiner Lehre, welche die Herzenswünsche der Frommen nicht zu befriedigen vermochte. Seine ziemlich rohe Theologie erhielt einen neuen Aufschwung, als sie gewisse mazdäische Glaubensvorstellungen adoptiert hatte. Es ist kaum zu bezweifeln, daß die Sitte des Tauroboliums samt den auf sie bezüglichen Ideen von Reinheit und Unsterblichkeit unter den Antoninen aus den Tempeln der Anâhita in die der *Mater Magna* gewandert ist. Der barbarische Brauch, auf einen in einer Grube verborgenen Mysten das Blut eines Opfertieres herabrinnen zu lassen, welches auf dem jene Grube bedeckenden durchlöcherten Bretterboden geschlachtet wurde, war vermutlich in Asien seit uralter Zeit einheimisch. Nach einer bei primitiven Völkern weit verbreiteten Vorstellung ist das Blut der Sitz der Lebenskraft, und der Patient, welcher damit seinen Körper übergoß und seine Zunge benetzte, glaubte auf diese Weise den Mut und die Stärke des geschlachteten Tieres auf seine eigene Person übergehen lassen zu können. Dieses heilige Gießbad scheint in Kappadocien in einer großen Anzahl von Heiligtümern üblich gewesen zu sein, besonders in denen der Mâ, der großen einheimischen Göttin, und in denen der Anâhita. Diese Göttinnen, denen der Stier heilig war, wurden von den Griechen allgemein ihrer Artemis Tauropolis gleichgesetzt, und die in ihrem Kult geübte rituelle Übergießung erhielt daher den Namen *tauropolium* (ταυροπόλιον), der durch Volksetymologie in *taurobolium* (ταυροβόλιον) verwandelt wurde. Aber unter dem Einfluß der mazdäischen Glaubensvorstellungen über das zukünftige Leben legte man der Bluttaufe eine tiefere Bedeutung bei. Man dachte nicht mehr daran, indem man sich ihr unterzog, die Kraft des Stieres zu erlangen; nicht mehr die Wiederauffrischung der physischen Kräfte sollte der „besondere Saft", welcher das Leben erhält, vermitteln, sondern eine entweder zeitweilige oder sogar dauernde Erneuerung der Seele.[1)]

Als das Taurobolium unter den Kaisern in Italien eingeführt wurde, wußte man zuerst nicht, welchen lateinischen Namen man der Göttin geben sollte, der zu Ehren es gefeiert wurde. Die einen sahen in ihr eine Venus caelestis; andere verglichen sie mit Minerva wegen ihres kriegerischen Charakters. Aber bald nahmen die Priester der Cybele diese seltsame Zeremonie in ihre Liturgie auf, offenbar im Einverständnis mit den offiziellen Autoritäten, weil in diesem anerkannten Kultus nichts ohne die Genehmigung der Quindecimvirn geändert werden konnte. Wir sehen sogar, daß die Kaiser denjenigen, welche dieses scheußliche Opfer für ihr Heil darbrachten, Privilegien bewilligten, ohne daß wir die Beweggründe für diese besondere Begünstigung klar erkennen können. Die Wirkung, welche man dieser blutigen Reinigung zuschrieb, die ewige Wiedergeburt, welche man von ihr erwartete, war den Hoffnungen ähnlich, welche die Mysten des Mithra an die Opferung des mythischen Stieres knüpften.[2)] Die Ähnlichkeit dieser Lehren erklärt sich ganz natürlich durch die Identität ihres Ursprungs. Das Taurobolium

---

1) Die vorstehenden Zeilen enthalten die Ergebnisse einer Studie über *Le taurobole et la culte de Bellone*, veröffentlicht in der *Revue d'histoire et de litterature religieuses* t. VI, 1901, p. 97 ss.

2) Vgl. oben S. 107.

ist, wie viele Riten der orientalischen Kulte, ein Überlebsel aus wilder Vergangenheit, das eine spiritualistische Theologie ihren moralischen Zwecken angepaßt hatte. Als charakteristische Tatsache ist zu verzeichnen, daß die ersten Opfer dieser Art, welche wir von dem Klerus der phrygischen Göttin vollziehen sehen, in Ostia stattfanden, wo das Metroon, wie wir bereits erwähnt haben[1]), an eine mithrische Krypta grenzte.

Der Symbolismus der Mysterien sah jedenfalls in der *Mater Magna* die nährende Erde, welche der Himmel alljährlich befruchtet. Ebenso hatten die anderen griechisch-römischen Gottheiten, welche sie sich angeeignet hatten, ihren Charakter ändern müssen, um in ihr dogmatisches System zu passen. Bald hatte man sie mit mazdäischen Heroen identifiziert, und barbarische Legenden feierten dann die neuen Heldentaten, welche sie vollbracht hatten. Bald betrachtete man sie als die wirkenden Kräfte, welche alle Wandlungen des Universums hervorbrachten. Dann stellte man in die Mitte dieses wieder naturalistisch gewordenen und dadurch seinem ursprünglichen Charakter angenäherten Pantheons die Sonne, denn sie war die höchste Macht, welche den Lauf aller Planeten und sogar die Revolution des Himmels regelte, die mit ihrem Licht und ihrer Wärme alles Leben auf Erden schuf. Diese ursprünglich astrologische Vorstellung wurde immer mehr vorherrschend, in je engere Beziehungen Mithra zum griechischen Denken trat, und ein je treuerer Untertan des römischen Staates er wurde.

---

1) Vgl. oben S. 135.

Die Verehrung der Sonne, geboren aus einem Gefühl der Dankbarkeit für ihre täglichen Wohltaten, gewachsen durch die Beobachtung ihrer unendlich wichtigen Rolle im kosmischen System, war das logische Endziel des Paganismus. Sobald die gelehrte Reflexion sich daran machte, die heiligen Überlieferungen zu erklären, und in den Göttern des Volkes Kräfte oder Elemente der Natur erkannte, mußte sie notwendig dem Gestirn einen hervorragenden Platz einräumen, von dem die Existenz unserer Erde selbst abhängig ist. „Ehe die Religion dazu gelangt war, es auszusprechen, daß Gott im Idealen und Absoluten, d. h. außerhalb der Welt, zu suchen sei, war nur ein einziger Kultus vernünftig und wissenschaftlich, nämlich der Kultus der Sonne."[1]) Seit Plato und Aristoteles betrachtete die griechische Philosophie die Himmelskörper als beseelte und göttliche Wesen; der Stoizismus brachte neue Argumente zu gunsten dieser Ansicht bei; der Neupythagoräismus und der Neuplatonismus betonen überdies noch den heiligen Charakter des Lichtes, welches das stets gegenwärtige Bild des übersinnlichen Gottes sei. Diese von den Denkern gebilligten Glaubensvorstellungen wurden durch die Litteratur weit verbreitet und besonders durch solche Werke, in denen romantische Fiktionen zur Maskierung eines rein theologischen Inhalts dienten.

Stimmte die Heliolatrie mit den philosophischen Lehren der Zeit überein, so war sie nicht minder

---

1) Renan, *Lettre à Berthelot* (Dialogues et fragments philosophiques) p. 168: „Avant que la religion fût arrivée à proclamer que Dieu doit être mis dans l'absolu et l'idéal, c'est-à-dire hors du monde, un seul culte fut raisonnable et scientifique, ce fut le culte du Soleil."

ihren politischen Tendenzen konform. Wir haben zu zeigen versucht, welcher Zusammenhang zwischen der Anbetung der Kaiser und der des *Sol invictus* bestand. Als die Cäsaren des 3. Jahrhunderts sich für vom Himmel auf die Erde herabgestiegene Götter ausgaben, hatte die Inanspruchnahme ihrer vermeintlichen Rechte die Einrichtung eines öffentlichen Kultes für die Gottheit, als deren Emanation sie sich ansahen, zur logischen Folge. Heliogabal hatte für seinen Baal von Emesa die Suprematie über das ganze heidnische Pantheon beansprucht. Die Excentrizitäten und Gewalttätigkeiten dieses haltlosen Menschen ließen seinen Versuch kläglich scheitern, aber er war zeitgemäß und wurde bald mit besserem Erfolge wiederholt. Aurelian weihte in der Nähe der Via Flaminia, im Osten des Marsfeldes, ein kolossales Gebäude dem schützenden Gotte, der ihm in Syrien den Sieg geschenkt hatte. Die Staatsreligion, welche er einführte, ist mit dem Mithriacismus nicht zu verwechseln; ihr grandioser Tempel, ihre prunkvollen Zeremonien, ihre vierjährigen Spiele, ihr Klerus von Pontifices erinnern an die großen Heiligtümer des Orients und nicht an die dunkelen Grotten, in denen die Mysterien gefeiert wurden. Dessenungeachtet konnte der *Sol invictus*, welchen der Kaiser mit einem bislang unerhörten Pomp hatte ehren wollen, von den Gläubigen des Mithra als ihr Gott in Anspruch genommen werden.

Die kaiserliche Politik gab in der offiziellen Religion den ersten Platz der Sonne, deren Emanation der Souverän war, ebenso wie in den durch die Mithriasten verbreiteten chaldäischen Spekulationen der königliche Planet die übrigen Gestirne beherrschte.

Auf beiden Seiten neigte man sogar dazu, in dem strahlenden Himmelskörper, der das Weltall erleuchtet, den einzigen Gott oder doch das sinnliche Bild des einzigen Gottes zu erblicken, und nach dem Vorbilde der Monarchie, die auf Erden regierte, den Monotheismus im Himmel zu inthronisieren. Macrobius setzt in seinen Saturnalien gelehrt auseinander, daß alle Gottheiten auf ein einziges, unter verschiedenen Gesichtswinkeln angeschautes Wesen zurückzuführen, und daß die mannigfaltigen Namen, unter denen man es anbete, dem des Helios äquivalent seien. Der Theologe, welcher diese radikale Synkrasie verteidigt, Vettius Agorius Praetextatus, war nicht nur einer der höchsten Würdenträger des Reiches, sondern auch einer der letzten Häupter der persischen Mysterien.

Der Mithriacismus, wenigstens der des 4. Jahrhunderts, verfolgte mithin das Ziel, durch die Vereinigung aller Götter und Mythen in einer ungeheuren Synthese eine neue Religion zu gründen, welche im Einklang stehen sollte mit der damals herrschenden Philosophie wie mit der Verfassung des Reiches. Diese Religion würde ebenso weit von dem alten iranischen Mazdaismus entfernt gewesen sein als von dem griechisch-römischen Heidentum, welches den siderischen Mächten nur einen ganz unbedeutenden Platz gönnte. Sie würde die Idolatrie gewissermaßen zu ihrem Ursprung zurückgeführt und in den Mythen, welche ihre Bedeutung verschleiert hatten, die vergötterte Natur wieder entdeckt haben. Mit dem römischen Prinzip der Nationalität der Kulte brechend, würde sie die Weltherrschaft des mit der unbesiegbaren Sonne identifizierten Mithra aufgerichtet haben.

Ihre Anhänger hofften, indem sie alle Frömmigkeit auf ein einziges Objekt konzentrierten, den zersetzten Glaubensvorstellungen neue Festigkeit zu geben. Der solare Pantheismus war die letzte Zuflucht der Konservativen, die sich durch eine revolutionäre Propaganda bedroht sahen, welche die gesamte alte Ordnung der Dinge zu vernichten strebte.

Zu der Zeit, als dieser heidnische Monotheismus in Rom das Scepter ergriff, hatte der Kampf zwischen den mithrischen Mysterien und dem Christentum schon längst begonnen. Beide Religionen waren fast gleichzeitig auf die Bühne der Welt getreten, und ihre Ausbreitung hatte sich unter analogen Bedingungen vollzogen. Beide aus dem Orient gekommen, verdankten sie ihre äußeren Erfolge denselben allgemeinen Ursachen, der politischen Einheit und der moralischen Anarchie des Kaiserreiches. Die Verbreitung der einen wir die der andern vollzog sich mit ähnlicher Schnelligkeit, und an der Neige des 2. Jahrhunderts besaßen sie beide Anhänger in den entlegensten Gegenden der römischen Welt. Die Jünger des Mithra hätten sich mit vollem Recht den hyperbolischen Ausspruch Tertullians aneignen dürfen: *Hesterni sumus et vestra omnia implevimus. . . .* Wenn man die Anzahl der Denkmäler in Betracht zieht, welche der persische Kult uns hinterlassen hat, so kann man sich sogar fragen, ob zur Zeit der Severer seine Adepten nicht zahlreicher gewesen sind als die Gläubigen des Christus. Eine andere Ähnlichkeit zwischen den beiden Religionsgemeinschaften besteht darin, daß sie beide anfänglich ihre Proselyten vor allem in den unteren Klassen der Gesellschaft fanden. Ihre Propaganda war ursprünglich im wesentlichen populär; im Gegensatz zu den philosophischen Schulen wandte sie sich weniger an die Gelehrten als an die Menge und appellierte infolgedessen mehr an das Gefühl als an den Verstand.

Neben diesen Ähnlichkeiten bemerkt man indessen in den Mitteln und Wegen der beiden Gegner bedeutsame Unterschiede. Die ersten Eroberungen des Christentums wurden durch die jüdische Diaspora begünstigt, und es hat sich zuerst in den Gegenden verbreitet, welche mit israelitischen Kolonieen bevölkert waren. Seine Gemeinden entwickeln sich daher namentlich in den Randländern des Mittelmeeres; sie beschränken ihren Wirkungskreis auf die Städte, und ihre Vermehrung ist großenteils eine Folge von Missionsreisen, welche mit der ausgesprochenen Absicht unternommen wurden, „die Völker zu lehren". Die Ausbreitung des Mithriacismus dagegen ist vor allem das natürliche Produkt sozialer und politischer Faktoren: der Einfuhr von Sklaven, der Translokationen von Truppen, der Versetzungen öffentlicher Beamter. In der Verwaltung und in der Armee zählt er die meisten Anhänger, also gerade da, wo die Christen infolge ihrer Abneigung gegen das offizielle Heidentum sehr dünn gesäet bleiben. Außerhalb Italiens verbreitet er sich hauptsächlich an den Grenzen entlang und faßt er zu gleicher Zeit in den Städten und auf dem Lande Fuß; seine festesten Stützpunkte findet er in den Donauprovinzen und in Germanien, während die Kirche die schnellsten Fortschritte in Kleinasien und Syrien macht. Die Herrschaftsgebiete der beiden religiösen Mächte fallen mithin nicht zusammen, und beide konnten sich lange genug ausdehnen, ohne miteinander in Konflikt zu geraten. Nur im Rhônetal, in Afrika und vor allem in der Stadt Rom, wo alle beide tiefe Wurzeln geschlagen hatten, mußte im 3. Jahrhundert der Wettstreit zwischen den Kollegien der Mithraanbeter und der Gemeinschaft der Christusgläubigen besonders lebhaft entbrennen.

Der Kampf zwischen den beiden rivalisierenden Religionen wurde um so hartnäckiger geführt, je ähnlicher sie ihrem Charakter nach waren. Ihre Adepten bildeten in gleicher Weise geheime, festgeschlossene Konventikel, deren Mitglieder sich den Namen „Brüder" gaben.[1]) Die Riten, welche sie ausübten, boten zahlreiche Analogien: wie die Christen reinigten sich auch die Anhänger des persischen Gottes durch eine Taufe, empfingen durch eine Art Firmelung die Kraft, die bösen Geister zu bekämpfen, und erwarteten von einer Kommunion das Heil der Seele und des Leibes. Wie jene heiligten sie den Sonntag, und am 25. Dezember feierten sie die Geburt der Sonne, also an demselben Tage, an dem — wenigstens seit dem 4. Jahrhundert — das Weihnachtsfest stattfand. Ebenso predigten sie eine imperative Moral, hielten die Askese für verdienstlich und rechneten zu den wichtigsten Tugenden Enthaltsamkeit und Keuschheit, Entsagung und Selbstbeherrschung. Ihre Vorstellungen von der Welt und dem Schicksal der Menschen waren ähnlicher Natur: sie glaubten beide an die Existenz eines Himmels der Seligen in überirdischen Regionen und einer

---

1) Ich möchte dazu bemerken, daß selbst der Ausdruck „teuerste" oder „liebste Brüder" schon bei den Anhängern des Jupiter Dolichenus üblich war (CIL. VI, 406 = 30758: *fratres carissimos et conlegas hon[estissimos]*) und wahrscheinlich auch in den mithrischen Vereinen.

von Dämonen bevölkerten Hölle in den Tiefen der Erde; sie setzten an den Anfang der Geschichte eine Sintflut, sie führten ihre Überlieferungen auf eine ursprüngliche Offenbarung zurück; sie glaubten endlich an die Unsterblichkeit der Seele, an ein jüngstes Gericht und an die Auferstehung der Toten im Zusammenhang mit dem schließlichen Weltbrande.

Wir haben gesehen, daß die Theologie der Mysterien aus Mithra als „Mittler" das Äquivalent des alexandrinischen Logos machte. Gleich ihm war Christus der μεcίτηc, der Mittler zwischen seinem himmlischen Vater und den Menschen, und gleich ihm bildete er das Glied einer Trinität. Diese Vergleichspunkte waren jedenfalls nicht die einzigen, welche die heidnische Exegese zwischen beiden statuierte, und das Bild des stiertötenden Gottes, der sich schweren Herzens dazu entschließt sein Opfer zu schlachten, um zu schaffen und die Menschheit zu erlösen, wurde gewiß mit dem des Heilandes verglichen, der sich selbst für das Heil der Welt zum Opfer bringt.

Anderseits stellen die kirchlichen Autoren, eine Metapher des Propheten Maleachi wiederaufnehmend, der „unbesiegbaren Sonne" die „Sonne der Gerechtigkeit" gegenüber und erblicken sämtlich in der glänzenden Kugel, welche den Menschen leuchtet, ein Symbol des Christus, des „Lichtes der Welt". Darf man sich darüber wundern, daß die Masse der Frommen die subtilen Unterschiede der Gelehrten nicht immer respektiert, und daß sie, einer heidnischen Sitte folgend, dem strahlenden Gestirn Huldigungen dargebracht hat, welche die Orthodoxie Gott selbst vorbehielt? Im 5. Jahrhundert neigten sich nicht nur Häretiker, sondern auch wahrhaft Gläubige noch vor der flammenden Scheibe, wenn sie sich über den Horizont erhob, und murmelten dabei die Bitte: „Erbarme dich unser."

Die Ähnlichkeit zwischen den beiden Religionen war so groß, daß sie im Altertum selbst allgemein auffiel. Seit dem 2. Jahrhundert zogen die griechischen Philosophen zwischen den persischen Mysterien und dem Christentum eine Parallele, die natürlich zum Vorteil der ersteren ausfiel. Die Apologeten betonen ihrerseits ebenfalls die Analogieen zwischen den beiden rivalisierenden Religionen und erklären sie durch satanische Nachäffung der heiligsten Riten ihres Glaubens. Wären uns die polemischen Schriften der Mithriasten erhalten geblieben, so würden wir ohne Zweifel gewahren, daß sie denselben Vorwurf gegen ihre Gegner schleuderten.

Wir dürfen heute nicht mehr daran denken, eine Frage zu entscheiden, deren Beantwortung schon die Zeitgenossen in zwei feindliche Lager trennte, und die zweifellos niemals gelöst werden wird. Wir kennen die Dogmen und die Liturgie des römischen Mazdaismus und ebenso die Geschichte des Urchristentums zu ungenügend, um beurteilen zu können, unter welchen wechselseitigen Einflüssen ihre gleichzeitige Entwicklung sich vollzogen hat. Überdies setzt Ähnlichkeit nicht unbedingt Nachahmung voraus. Viele Übereinstimmungen zwischen der mithrischen Lehre und dem katholischen Glauben erklären sich aus ihrem gemeinsamen orientalischen Ursprunge. Gewisse Ideen, gewisse Zeremonien müssen trotzdem aus dem einen Kultus in den andern verpflanzt sein, aber meist mutmaßen wir diese Anleihen mehr, als daß wir sie deutlich bemerken.

Es ist nicht unwahrscheinlich, daß man aus der Legende des iranischen Heros ein Seitenstück zum Leben Jesu zu machen strebte, und daß die Schüler der Magier eine Anbetung der Hirten, ein Abendmahl und eine Himmelfahrt mithrischen Charakters den entsprechenden Erzählungen der Evangelien gegenüberzustellen suchten. Man verglich selbst den gebärenden Fels, der den Genius des Lichtes zur Welt gebracht hatte, mit dem unerschütterlichen Eckstein, dem Sinnbilde des Christus, auf dem die christliche Kirche erbaut war, und sogar die Grotte, in welcher der Stier unterlegen war, mit der, in welcher Jesus zu Bethlehem geboren wurde.[1]) Aber diese erzwungenen Vergleiche konnten nur zu einem Zerrbilde führen. Es war ein außerordentlicher Nachteil für den Mazdaismus, daß er nur an einen mythischen Erlöser glaubte. Die unerschöpfliche Quelle religiöser Erbauung, welche aus der Predigt und der Passion des am Kreuze geopferten Gottes entsprang, floß niemals für die Gläubigen Mithras.

---

1) Jean Réville (*Études publiées en hommage à la faculté de theologie de Montauban*, 1901, p. 339 s.) vermutet, daß die christliche Erzählung von der Geburt Jesu und der Anbetung der Magier von der mithrischen Legende angeregt sei, erkennt jedoch an, daß wir keinen Beweis für diese Anleihe besitzen. Ebenso hält A. Dieterich in einem kürzlich erschienenen Artikel (*Zeitschr. f. neutest. Wissensch.* 1902, S. 190), in dem er die Entstehung der Legende von den drei Magiern scharfsinnig zu erklären sucht, für möglich, daß die Anbetung der Hirten aus dem Mithriacismus in die christliche Tradition übergegangen sei. Ich möchte indessen darauf hinweisen, daß die mazdäischen Glaubensvorstellungen über die Ankunft Mithras in der Welt außerordentlich wechselnd gewesen sind (cf. *T. et M.*, t. I, p. 160 s.).

Dagegen konnten die orthodoxen oder häretischen Liturgieen, welche sich im Laufe der ersten Jahrhunderte unserer Zeitrechnung allmählich fixiert haben, durch diese Mysterien mehr als eine Anregung empfangen, da sie unter allen heidnischen die meiste Verwandtschaft mit den Institutionen des Christentums zeigten. Wir wissen nicht, ob das Ritual der Sakramente und die Hoffnungen, welche man an sie knüpfte, irgendwie den Einfluß der mazdäischen Bräuche und Dogmen erfahren haben können. Vielleicht hat die Sitte, täglich dreimal — frühmorgens, Mittags und in der Abenddämmerung — die Sonne anzurufen, ihr Abbild in den täglichen Gebeten der Kirche gefunden, und jedenfalls scheint die Feier der Geburt des Weltheilandes auf den 25. Dezember gelegt zu sein, weil man zur Zeit des Wintersolstitiums den *Natalis Invicti*, die Wiedergeburt des unbesiegbaren Gottes feierte.[1] Indem die kirchliche Autorität dieses Datum adoptierte, welches allgemein durch heilige Freudenfeste ausgezeichnet wurde, reinigte sie gewissermaßen profane Bräuche, welche sie nicht auszurotten vermochte.

Das einzige Gebiet, auf dem wir den Umfang der gemachten Anleihen im einzelnen feststellen können, ist das der Kunst. Die weit früher entwickelte mithrische Skulptur lieferte den christlichen Steinmetzen eine Fülle von Vorlagen, welche sie einfach übernahmen oder ihren eigenen Zwecken anpaßten. So schwebte ihnen der Typus der Mithra vor, der durch Pfeilschüsse einen Quell lebendigen Wassers hervorlockt[2], als sie den des Moses schufen,

---
1) Cf. oben S. 125.
2) Cf. oben S. 100.

welcher mit seinem Stab an den Felsen des Horeb
schlägt. Einer althergebrachten Überlieferung treu
reproduzierten sie sogar die Gestalten der kosmischen
Gottheiten, wie die des Himmels oder der Winde,
deren Anbetung der neue Glaube verboten hatte,
und man findet an den Sarkophagen, in den Miniaturen
und selbst an den Portalen der romanischen Kirchen
Spuren von dem Einflusse wieder, den die großen
Darstellungen ausübten, welche die mithrischen
Krypten schmückten.[1])

Indessen darf man die Bedeutung dieser Annäherungen nicht überschätzen. Wiesen das Christentum und der Mithriacismus einerseits tiefgehende
Ähnlichkeiten auf, zu denen in erster Linie der
Glaube an die Reinigung der Seelen und die Hoffnung
auf eine selige Auferstehung gehörten, so wurden
sie anderseits durch nicht minder wesentliche Diffe-
renzen geschieden. Die wichtigste von diesen war
ihr entgegengesetztes Verhalten gegenüber dem
römischen Heidentum. Die mazdäischen Mysterien
suchten es durch eine Reihe von Anpassungen und
Kompromissen zu gewinnen; sie versuchten den Monotheismus zu begründen, indem sie gleichzeitig den
Polytheismus unangetastet ließen, während die Kirche
im Prinzip, wenn auch nicht immer in praxi, die un-
versöhnliche Feindin aller Idolatrie war. Die erstgenannte Haltung war scheinbar die vorteilhafteste:
sie gab der persischen Religion eine größere Elasti-
zität und ein besseres Anpassungsvermögen und
nahm alle diejenigen für den stiertötenden Gott ein,
welche einen schmerzlichen Bruch mit dem alten

---

[1]) Vgl. den Anhang über die mithrische Kunst.

Herkommen und der Gesellschaft ihrer Zeit scheuten. Viele mußten sich von Lehren besonders angezogen fühlen, welche ihre Sehnsucht nach vollkommenerer Reinheit und einer besseren Welt erfüllten, ohne von ihnen zu fordern, den Glauben ihrer Väter zu verfluchen, wie den Staat, dessen Bürger sie waren. Während die Kirche inmitten von Verfolgungen erwuchs, sicherte diese versöhnliche Politik dem Mithriacismus zuerst eine weitgehende Duldung und später die Gunst der öffentlichen Autoritäten. Aber sie hinderte ihn auch, sich von plumpen und lächerlichen Superstitionen zu befreien, welche sein Ritual und seine Theologie entstellten; sie veranlaßte ihn, trotz seiner Sittenstrenge, zu einem zweideutigen Bunde mit dem orgiastischen Kulte der Geliebten des Attis und verpflichtete ihn, die ganze Last einer chimärischen oder hassenswerten Vergangenheit mitzuschleppen. Wenn dieser romanisierte Mazdaismus gesiegt hätte, so würde er nicht nur alle Verirrungen des heidnischen Mystizismus konserviert haben, sondern auch die einer verkehrten Physik, auf der seine Dogmatik beruhte. Die christliche Lehre, welche mit der Verehrung der Natur gebrochen hatte, wußte sich von solchen unreinen Beimischungen freizuhalten; und ihre Ablehnung jedes kompromittierenden Verhältnisses sicherte ihr eine ungeheure Überlegenheit. Ihre negative Kraft, ihr Kampf gegen Jahrhunderte alte Vorurteile haben ihr ebensosehr die Herzen erobert als die positiven Hoffnungen, welche sie zu gewähren vermochte. Während sie das Wunder vollbrachte, den Gesetzen und der kaiserlichen Polizei zum Trotz die alte Welt zu besiegen, verschwanden die mithrischen Mysterien sofort, als die Protektion des Staates sich in Feindschaft verkehrte.

Auf der Höhe ihrer Macht standen sie um die Mitte des 3. Jahrhunderts, und einen Augenblick lang schien es, als sollte die Welt dem Mithra gehören. Aber die ersten Einfälle der Barbaren und namentlich der endgültige Verlust Daciens (275 n. Chr.), dem bald der der Agri Decumates folgte, bedeuteten einen furchtbaren Schlag für die mazdäische Sekte, die namentlich an der Peripherie des *orbis Romanus* herrschte. In ganz Pannonien und bis Virunum an der italischen Grenze wurden ihre Tempel geplündert. Dafür hielten die offiziellen Gewalten, die sich durch die reißenden Fortschritte des Christentums bedroht sahen, mit wachsender Energie den gefährlichsten Gegner nieder, den sie ihr hätten entgegenstellen können. Bei dem allgemeinen Zusammenbruch war die Armee die einzige Institution, welche sich aufrecht erhielt, und die von den Legionen erwählten Cäsaren mußten sich notgedrungen auf eine Religion stützen, welche namentlich von den Soldaten ausgeübt wurde. Im Jahre 273 gründete Aurelian neben den Mysterien des stiertötenden Gottes einen reich dotierten öffentlichen Kult zu Ehren des *Sol invictus*. Diokletian, dessen Hof mit seiner komplizierten Hierarchie, seinen Niederwerfungen vor dem Herrscher und seiner Eunuchenschar nach Aussage der Zeitgenossen eine Nachahmung des sassanidischen darstellte, war natürlich dazu geneigt, Lehren persischen Ursprungs zu adoptieren, welche seinen despotischen Instinkten schmeichelten. Als der Kaiser und die Regenten, welche er sich beigesellt hatte, im Jahre 307 in Carnuntum zusammentrafen, restaurierten sie dort einen Tempel des himmlischen Protektors ihres wiederhergestellten Reiches.[1]) Die Christen gingen sogar so weit, daß sie den mithrischen Klerus — und dem Anschein nach nicht ohne Grund — als den Anstifter der großen Verfolgung unter Galerius betrachteten. Eine verschwommen monotheistische Heliolatrie schien im römischen Reiche, wie in Irân, die einzige und keine andere neben sich duldende Religion des Staates werden zu sollen. Da machte die Bekehrung Konstantins die Hoffnungen zu Schanden, welche die Politik seiner Vorgänger den Anbetern der Sonne eingeflößt hatte. Obgleich er niemals einen Glauben verfolgt hat, den er selbst einst teilte[2]), so hörte dieser doch auf, ein anerkannter Kult zu sein, um nunmehr ein geduldeter zu werden. Seine Nachfolger waren ihm entschieden feindlich gesinnt. Dem geheimen Mißtrauen folgte die offene Verfolgung. Die christliche Polemik beschränkte sich nicht mehr darauf, die Legenden und die Bräuche der mazdäischen Mysterien lächerlich zu machen oder selbst ihnen vorzuwerfen, daß sie von den unversöhnlichen Gegnern Roms gestiftet seien: sie fordert mit lautem Geschrei die totale Vernichtung des Götzendienstes, und ihren Ermahnungen folgt die Tat auf dem Fuße nach. Wenn ein Rhetor uns erzählt[3]), daß unter Konstantin niemand mehr wagte, den Aufgang und den Untergang der Sonne zu betrachten, daß sogar die Bauern und die Seeleute es vermieden, die Gestirne zu beobachten und zitternd ihre Augen auf den Boden

---

1) Vgl. oben S. 66.
2) Vgl. Preger, *Konstantinos-Helios* (Hermes XXXVI) 1901, S. 457.
3) Mamert., *Grat. act. in Julian.*, c. 23.

geheftet hielten, so sind diese emphatischen Deklamationen nur ein verstärktes Echo der Besorgnisse, welche damals alle Heiden erfüllten.

Die Proklamation Julians führte mit einem Schlage eine unerwartete Wendung herbei. Der von der gallischen Armee auf den Thron erhobene Philosoph hegte seit seiner Kindheit eine geheime Verehrung für Helios. Seiner Überzeugung nach hatte dieser Gott ihn den Gefahren entgehen lassen, welche seine Jugend bedrohten; er glaubte von ihm eine heilige Mission empfangen zu haben und betrachtete sich als seinen Diener oder vielmehr als seinen geistigen Sohn. Er hat diesem himmlischen „König" eine Abhandlung gewidmet, welche die Glut seines Glaubens stellenweise aus einer frostigen theologischen Dissertation in einen flammenden Dithyrambus verwandelt. Die Inbrunst seiner frommen Verehrung für das Gestirn, welches er anbetete, verleugnete sich nicht bis zur Stunde seines Todes.

Infolge seines abergläubischen Hanges zum Übernatürlichen mußte sich der junge Fürst besonders von den Mysterien angezogen fühlen. Vor seinem Regierungsantritt, vielleicht schon im Jünglingsalter, wurde er von dem Philosophen Maximus von Ephesus heimlich in ein mithrisches Konventikel eingeführt. Die Einweihungszeremonien machten einen tiefen Eindruck auf ihn. Er glaubte sich seitdem unter Mithras Schutz gestellt, in diesem wie in jenem Leben. Sobald er die Maske abgeworfen und sich offen für einen Heiden erklärt hatte, berief er Maximus zu sich und nahm damals ohne Zweifel seine Zuflucht zu außerordentlichen Waschungen und Reinigungen, um die Befleckung zu beseitigen, welche er sich zugezogen hatte, indem er die Taufe und die Kommunion der Christen empfing. Kaum hatte er den Thron bestiegen, als er sich beeilte den persischen Kult in Konstantinopel einzuführen, und fast gleichzeitig wurden die ersten Taurobolien in Athen vollzogen.

Überall erhoben die Anhänger der Magier wieder ihr Haupt. Als der Patriarch Georgios in Alexandrien auf den Trümmern eines Mithraeums eine Kirche erbauen wollte, rief er einen blutigen Aufstand hervor. Von der Obrigkeit in Haft genommen, wurde er vom Pöbel aus seinem Gefängnis geschleppt und grausam ermordet am 24. Dezember 361, dem Vorabend des *Natalis Invicti*. Der Kaiser begnügte sich damit, der Stadt des Serapis väterliche Vorstellungen zu machen.

Aber bald kam der Apostat um, und zwar auf seinem Feldzuge gegen die Perser, zu dem ihn vielleicht der geheime Wunsch verführt hatte, das Land zu erobern, welches ihm seinen Glauben geschenkt hatte, und die Zuversicht, daß sein Schutzpatron, wenn er in die Lage versetzt würde, zwischen seinen Huldigungen und denen seiner Feinde wählen zu müssen, die seinigen vorziehen würde. Damit scheiterte dieser kurzlebige Reaktionsversuch, und das Christentum, welches nun endgültig den Sieg errungen hatte, beeilte sich einen Irrtum auszurotten, der ihm so heiße Kämpfe gebracht hatte. Noch ehe die Herrscher die Ausübung des Götzendienstes verboten hatten, ermöglichten es ihre Edikte gegen Astrologie und Magie, den Klerus und die Gläubigen des Mithra indirekt zu fassen. Im Jahre 371 wurden viele Anhänger der Geheimkulte in ein angebliches

Komplott verwickelt und hingerichtet. Der Mystagog Maximus fiel selbst einer derartigen Anklage zum Opfer.

Eine Reihe von kaiserlichen Verfügungen traf bald darauf die verfehmte Sekte auch unmittelbar. In den Provinzen kamen oft Volkserhebungen dem Einschreiten der Magistrate zuvor. Die Menge plünderte die Tempel und überlieferte sie im Einverständnis mit den Behörden den Flammen. Die Ruinen der Mithraeen bezeugen die Heftigkeit dieser Zerstörungswut. In Rom selbst suchte im Jahre 377 der Präfekt Gracchus, der die Taufe zu empfangen wünschte, dadurch die Aufrichtigkeit seiner Bekehrung zu beweisen, daß er eine Krypta mit all den Statuen, welche sie enthielt, „umwühlte, zerbrach, vernichtete".[1]) Oft vermauerten die Priester, um ihre unversehrt gebliebenen Grotten der Plünderung zu entziehen, deren Eingang, oder brachten auch wohl ihre heiligen Bilder in sicheren Verstecken unter in der Überzeugung, daß der Sturm, der über sie dahinbrauste, vorübergehen und nach den Tagen der Prüfung ihr Gott ihnen endlich den Sieg bescheeren würde. Die Christen dagegen, von der Absicht geleitet, eine solche Stätte durch die Anwesenheit eines Leichnams zu verunreinigen und so fortan für den persischen Kultus unbrauchbar zu machen, richteten bisweilen den den Gesetzen ungehorsamen Priester hin und verscharrten ihn unter den Trümmern des für immer entweihten Heiligtums (Fig. 8).

---

1) Hieron., *Ep. 107 ad Laetam* (*T. et M.*, t. II, p. 18): *Specum Mithrae ... subvertit fregit excussit.*

Die Hoffnung auf eine Restauration erhielt sich namentlich in Rom lebendig, das die Hauptstadt des Heidentums geblieben war. Die Aristokratie, treu an den Überlieferungen ihrer Vorfahren hängend, unterstützte es durch ihre Reichtümer und ihren Einfluß. Sie liebte es, sich mit den Titeln „Vater und Herold des unbesiegbaren Mithra" zu schmücken

Fig. 8. Gefesseltes Skelett, gefunden in den Trümmern des Tempels zu Saarburg.

und steigerte ihre Opferspenden und ihre Stiftungen. Doppelt freigebig zeigte sie sich ihm gegenüber, als Gratian die Tempel ihrer Güter beraubt hatte (382 n. Chr.). Ein Grandseigneur erzählt uns in schlechten Versen, wie er eine von seinem Großvater in der Nähe der Via Flaminia erbaute glänzende Krypta wiederhergestellt und dabei auf jede öffentliche Unterstützung verzichtet habe.[1] Die Usurpation

---

1) CIL. VI, 774 (*T. et M.* t. II, p. 94 no. 13).

des Eugenius schien anfänglich die erhoffte Wiedererhebung herbeiführen zu sollen. Der Präfekt des Prätoriums Nicomachus Flavianus vollzog feierliche Taurobolien und erneuerte in einer geweihten Grotte die Mysterien des dem Prätendenten „verbündeten Gottes" (*deum comitem*). Aber der Sieg des Theodosius (394) brachte die Hoffnungen der zurückgebliebenen Anhänger des alten Glaubens endgültig zum Scheitern.

Ein paar geheime Konventikel mochten sich immerhin noch in den Kellergewölben der Paläste versammeln; und in gewissen abgelegenen Gegenden der Alpen oder der Vogesen mag der Kultus des persischen Gottes bis in das 5. Jahrhundert fortbestanden haben. So erhielt sich die Anhänglichkeit an die mithrischen Riten noch lange bei dem Stamme der Anauni, der ein blühendes und nur durch einen schmalen Engpaß zugängliches Tal beherrschte. Aber allmählich wandten sich in den lateinischen Ländern auch die letzten Gläubigen von einer Religion ab, die ebensosehr moralisch als politisch diskreditiert war. Mit größerer Zähigkeit behauptete sie sich im Orient, ihrer eigentlichen Heimat. Aus den übrigen Teilen des Reiches verwiesen, fand sie eine Zuflucht in den Gegenden, wo sie geboren war, um hier schließlich langsam zu verlöschen.

Nur die Vorstellungen, welche der Mithriacismus mehr als drei Jahrhunderte lang im Reiche verbreitet hatte, sollten nicht mit ihm untergehen. Einige von ihnen, sogar die eigenartigsten, wie die, welche sich auf die Hölle, die Wirksamkeit der Sakramente und die Auferstehung des Fleisches beziehen, wurden auch von seinen Gegnern angenommen, und dadurch, daß er sie verbreitete, hat er die Weltherrschaft der letzteren nur gefördert. Manche seiner heiligen Zeremonien gingen auch in das Ritual der christlichen Feste oder in den Volksbrauch über. Seine Fundamentalsätze waren jedoch mit der Orthodoxie unvereinbar und konnten sich daher nur außerhalb ihres Herrschaftsgebietes erhalten. Seine Theorie über die Einwirkungen der Gestirne, bald verurteilt und bald geduldet, wurde durch die Astrologie bis an die Schwelle der Neuzeit getragen. Einer Religion von größerer Macht, als diese falsche Wissenschaft sie besaß, sollten die persischen Mysterien mit ihrem Haß gegen die Kirche auch ihre Hauptideen und ihren Einfluß auf die Massen vererben.

Obwohl der Manichäismus das Werk eines Mannes und nicht das Produkt einer langen Entwicklung war, zeigte er doch in vielfacher Hinsicht Ähnlichkeit mit den Mysterien. Die Überlieferung, nach der seine ersten Gründer in Persien mit den Priestern des Mithra verkehrt haben sollen, mag formell ungenau sein: sie enthält dennoch einen Kern von Wahrheit. Beide Kulte waren im Orient aus der Vermischung der altbabylonischen Mythologie mit dem persischen Dualismus entstanden und hatten sich in der Folge mit hellenischen Elementen bereichert. Die Sekte des Manes verbreitete sich im Reiche während des 4. Jahrhunderts, als der Mithriacismus im Sterben lag, und wurde so dazu berufen, seine Erbschaft anzutreten. Alle Mysten, welche die Polemik der Kirche gegen den Paganismus wankend gemacht hatte ohne sie zu bekehren, wurden mit leichter Mühe für einen vermittelnden Glauben gewonnen, der ihnen gestattete, Zoroaster und Christus mit derselben Verehrung zu umfassen. Die weite Verbreitung, welche die vom Chaldäismus beeinflußten mazdäischen Glaubensvorstellungen gefunden hatten, hatte die Geister für die Häresie empfänglich gemacht; diese fand somit die Wege geebnet, und darauf beruht das Geheimnis ihrer ungewöhnlich schnellen Expansion. Die so verjüngten mithrischen Lehren sollten noch Jahrhunderte hindurch allen Verfolgungen Trotz bieten, und sogar noch um die Mitte des Mittelalters in einer neuen Gestalt wiederauflebend, von neuem die alte römische Welt in Aufregung versetzen.

ANHANG.[1]

DIE MITHRISCHE KUNST.

Die mithrischen Monumente, die in beträchtlicher Anzahl in den Provinzen des Abendlandes und selbst im Orient gefunden worden sind, bilden eine homogene Gruppe, deren Bedeutung für die Geschichte der römischen Kunst im folgenden kurz charakterisiert werden soll. Allerdings ist ihr künstlerisches Verdienst weit geringer als ihr urkundliches Interesse, und ihr Hauptwert ist nicht ästhetischer, sondern religiöser Art. Die späte Zeit, in welcher diese Werke entstanden sind, nimmt uns von vornherein die Hoffnung, in ihnen der Äußerung einer wahrhaft schöpferischen Kraft zu begegnen und an ihnen die Fortschritte einer originellen Entwicklung verfolgen zu können. Dennoch würde es unbillig sein, sie von dem Standpunkte eines engherzigen Atticismus aus sämtlich mit der gleichen Geringschätzung zu behandeln. Fehlt ihnen auch die Inspiration des Genius, so können doch die Gewandtheit in der Verwertung älterer Motive, die Geschicklichkeit der Ausführung, all die Vorzüge der Technik,

---

1) Dieser Anhang ist eine Neubearbeitung der Seiten 213—220 des I. Bandes des Hauptwerkes, die auch in der *Revue archéologique* (1899, II, p. 193—202) erschienen sind.

welche sie bisweilen erkennen lassen, diese Bildwerke unserer Beachtung hinlänglich empfehlen. Einige unserer Rundskulpturen und unserer Basreliefs — denn die Gemälde und die Mosaiken sind so wenig zahlreich, daß man von ihrer Besprechung absehen kann — nehmen einen sehr ehrenvollen Platz unter der Fülle von Bildwerken ein, welche die Kaiserzeit uns hinterlassen hat, und verdienen, daß wir einen Augenblick bei ihnen verweilen.

Man kann beweisen[1]), daß alle unsere Darstellungen des stiertötenden Mithra, dessen hieratisches Bild schon vor der Verbreitung der Mysterien im Abendlande fixiert war, mehr oder weniger treue Repliken eines Typus sind, den ein Bildhauer der pergamenischen Schule nach dem Modell der opfernden Siegesgöttin schuf, welche die Balustrade des Tempels der Athena Nike auf der Akropolis schmückte. Gewisse Marmorbildwerke, welche in Rom und Ostia[2]) gefunden wurden und zweifellos bis auf den Anfang des 2. Jahrhunderts zurückgehen, spiegeln noch den Glanz jener machtvollen Komposition der hellenistischen Epoche wieder. Nach heißer Verfolgung hat der Gott soeben den niederstürzenden Stier erreicht. Ein Knie auf die Kruppe, einen Fuß auf einen seiner Hufe stemmend, wirft er sich auf ihn, um ihn niederzuhalten, und ihn mit der einen Hand bei den Nüstern packend, bohrt er ihm mit der andern ein Messer in die Flanke. Der Schwung dieser bewegten Szene bringt die Gewandtheit und die Kraft des unbesiegbaren Helden zur Geltung. Anderseits

---

1) Cf. *T. et M.*, t. II, p. 180 s.
2) Vgl. oben S. 28 und 60 (dazu das Titelbild, Tafel I).

lassen der Schmerz des Opfers, welches sterbend röchelt und dessen Glieder ein letzter Krampf zusammenzieht, wie die einzigartige Mischung von Exaltation und Bedauern, welche sich in den Zügen seines Mörders ausprägt, die pathetische Seite dieses heiligen Dramas hervortreten und teilen dem Beschauer eine Bewegung mit, welche die Gläubigen lebhaft empfunden haben müssen.

Der traditionelle Typus der Fackelträger oder Dadophoren[1]) eignete sich nicht zum Ausdruck so intensiver Gemütsbewegungen. Doch kann man, wenigstens an den besseren Exemplaren, sich davon überzeugen, welchen Vorteil der Künstler aus der Weite der phrygischen Gewandung zu ziehen verstand, und die verschiedenartigen Gefühle, Hoffnung und Trauer, erkennen, welche sich in den Gesichtern der beiden einander gegenüberstehenden jungen Leute malen. Eine bemerkenswerte Reproduktion dieses göttlichen Paares besitzen wir in den beiden nahe am Tiber gefundenen Statuen, welche Zoëga der Zeit Hadrians zuwies, und die vielleicht aus dem Orient nach Italien gebracht sind.[2]) Es verdient Beachtung, wie ihr Urheber den Mangel an Symmetrie zu vermeiden gewußt hat, der dadurch entsteht, daß diese beiden zu Pendants bestimmten Figuren den Mantel auf derselben linken Schulter befestigt trugen, während sie ihn auf der rechten Seite beide herabfallen ließen.

Die Sorgfalt im Detail, welche für die Werke aus der Zeit der Antonine charakteristisch ist, offenbart sich mit mehr oder weniger Glück auch

---

1) Vgl. oben S. 96.
2) *T. et M.*, mon. 27, pl. II.

in den etwas jüngeren Monumenten. Betrachten wir die Gruppe von Ostia, die aus der Regierungszeit des Commodus stammt, oder das Basrelief der Villa Albani, welches derselben Zeit anzugehören scheint.[1]) Der Künstler hat sich darin gefallen, die Falten der Gewänder zu vervielfachen, die Haarlocken zu verwirren, um seine Geschicklichkeit in der Überwindung von Schwierigkeiten zu zeigen, die er sich selbst bereitet hatte; aber diese merkwürdige Maniriertheit entschädigt nicht für die Frostigkeit des Gesamteindrucks. Von besserem Erfolge ist dieses minutiöse Verfahren bei den Stücken begleitet, die geringere Dimensionen aufweisen. Ein kleiner kürzlich in Aquileia gefundener Marmor zeichnet sich in dieser Beziehung „durch ein verblüffendes technisches Geschick aus".[2]) Die vorzüglich herausgearbeiteten Figuren lösen sich fast ganz von dem massiven Block, mit welchem sie nur noch durch unbedeutende Stützen zusammenhängen. Es ist ein Bravourstück, an welchem der Bildhauer seine Virtuosität veranschaulicht, einem spröden Material dieselbe Wirkung abzuzwingen, welche der Ciseleur infolge der Ge-

---

1) *T. et M.*, mon. 79, fig. 67 et mon. 38, fig. 45.

2) C. R. von Schneider, *Auserlesene Gegenstände der antiken Samml. in Wien*, 1895, S. 9 (vgl. *T. et M.*, t. II, p. 488). Er vergleicht mit diesem Werke die Reliefs von der Basis der Antoninussäule (Brunn, *Denkmäler griech. und röm. Skulptur*, Taf. 210b), ein Basrelief vom Campo Santo in Pisa (Dütschke, *Bildwerke in Oberitalien* I, Nr. 60) und die Büste des Commodus im Konservatorenpalast (Helbig, *Führer*, 2. Aufl., Nr. 524). Dieselbe Anwendung der Metalltechnik auf Marmor zeigen zwei wundervoll erhaltene Büsten, die in Smyrna entdeckt wurden und sich jetzt im Museum zu Brüssel befinden (*Catal. des antiquités acquises par les musées royaux depuis le 1er janvier 1900*, Bruxelles 1901, no. 110—111).

schmeidigkeit des Metalls hervorzubringen vermag.

Aber Werke von solcher relativen Vollkommenheit sind in Italien und namentlich in den Provinzen selten; und man muß zugeben, daß die große Masse der mithrischen Monumente von trostloser Mittelmäßigkeit ist. Die Handwerker oder Steinmetzen — sie verdienen keinen anderen Namen — von denen diese Arbeiten herrühren, begnügten sich oft damit, mit einigen Meißelschlägen die Szene anzudeuten, welche sie darstellen wollten. Ein grober Farbenanstrich bezeichnete dann gewisse Details. Die Modellierung ist oft so roh, daß nur die Umrisse ordentlich angegeben sind, wie bei den Hieroglyphen, und das Ganze ebensoviel Zeichnung als Bildhauerarbeit aufweist. Allerdings konnten solche unvollkommenen Darstellungen genügen, weil alle Gläubigen ihren Sinn kannten und sich ihre Lücken durch die Phantasie ergänzten, während unsere Unwissenheit die Mängel ihrer ungeschickten und undeutlichen Ausführung stärker empfindet. Nichtsdestoweniger sind gewisse kleine Basreliefs niemals etwas anderes gewesen als wahre Karikaturen, deren Gestalten sich dem Grotesken nähern und durch ihre Unförmlichkeit an die Pfefferkuchenmänner erinnern, welche man auf unsern Jahrmärkten feilbietet.

Die Nachlässigkeit, mit welcher diese Täfelchen hergestellt sind, wird durch ihre Bestimmung entschuldigt. Die Mysten des Mithra pflegten sie nicht nur als Weihgeschenke in die Tempel zu bringen, sondern mit ihnen auch ihre bescheidenen Wohnungen zu schmücken. Diese häusliche Verwendung erklärt die enorme Menge der in Rede stehenden Denkmäler, welche sich überall gefunden haben, wo jener Kult heimisch geworden war. Um der unaufhörlichen Nachfrage der Gläubigen entsprechen zu können, mußten die Bildhauerwerkstätten sie rasch und in großen Mengen herstellen. Die Urheber dieser Schleuderware bezweckten nur, die Bedürfnisse ihrer frommen Kundschaft, deren künstlerische Ansprüche gering waren, zu mäßigen Preisen zu befriedigen. Die antiken Fabrikanten verfertigten Hunderte von solchen stiertötenden Mithras[1]), wie unsere Industriellen denselben Krucifix oder dieselbe Jungfrau Maria in Massen herstellen. So brachte es die religiöse Bilderfabrikation jener Zeit mit sich, die ebensowenig von ästhetischen Gesichtspunkten beherrscht wurde wie die heutige.

Die erwähnten Manufakturen beschränkten sich jedoch nicht darauf, beständig Repliken von demselben traditionellen Typus anzufertigen, sondern sie verstanden auch Abwechslung in ihr Sortiment zu bringen, um für jeden Geschmack und jeden Geldbeutel etwas Passendes bieten zu können. Mustern wir die Reihe von Ex-voto, die im Mithraeum von Sarmizegetusa (Várhely) in Dacien gesammelt worden sind.[2]) Wir finden hier Proben von allen Modellen, welche die Werkstätten der Umgegend zu reproduzieren pflegten. Man vermeidet die Rundarbeit als zu mühsam und

---

1) Das Fehlen von Maschinen schloß natürlich absolute Gleichförmigkeit aus, aber manche unserer Basreliefs sind jedenfalls von derselben Hand angefertigt oder stammen wenigstens aus derselben Werkstatt. Cf. *T. et M.*, t. II, mon. 45 et 46; 93, fig. 85 et 95, fig. 87; 192 et 192bis (modern?); 194 et 195.

2) *T. et M.*, t. II, nos. 138—183.

zu kostspielig. Höchstens durchbricht man den Marmor an einzelnen Stellen, um die Gruppe des stiertötenden Gottes hervortreten zu lassen. Aber welche Mannigfaltigkeit in diesen kleinen Basreliefs, welche man an den Seitenwänden des Heiligtums befestigte! Für einen sehr geringen Preis erhielt man ein viereckiges Täfelchen, das nur die Opferung des Stieres darstellte. Bisweilen erhöht sich ihr Wert durch die Hinzufügung einer Art Predelle, die in drei oder vier kleine Felder geteilt ist. In anderen Fällen wird wieder die Komposition mit einem oberen Register versehen, das mit Nebendarstellungen geschmückt ist. Letztere laufen endlich auch an den Seitenrändern des Monumentes herab und umrahmen so auf allen vier Seiten die Hauptdarstellung Dann läßt der Bildhauer seiner Phantasie freien Lauf und kommt auf die Idee, den stiertötenden Gott mit einem Kreise, der mit den Zeichen des Zodiakus geschmückt ist, oder mit einem Laubkranz zu umgeben. Er fügt Einfassungen hinzu oder läßt sie fort; er verfällt auf den Gedanken, seiner behauenen Platte neue Formen zu geben: er gestaltet sie quadratisch, oblong, rundbogig, trapezförmig oder selbst rund. Es giebt auch nicht zwei unter diesen Stücken, die ein vollkommen gleiches Aussehen hätten.

Wenn diese auf dem Wege der Lohnarbeit entstandenen Handelsprodukte mit der Kunst auch nur in sehr entferntem Zusammenhange stehen, so liefern sie doch nützliche Fingerzeige für die Kenntnis der antiken Steinindustrie. Wir haben zahlreiche Beweise dafür, daß ein guter Teil der für die Provinzialstädte bestimmten Skulpturen in der Kaiserzeit in Rom ausgeführt wurde.[1]) Dies trifft wahrscheinlich zu für einige unserer Denkmäler, die in Gallien gefunden wurden, und sogar für die, welche ein Mithraeum in London schmückten.[2]) Dagegen können gewisse Statuen, die in der Hauptstadt entdeckt wurden, aus Kleinasien dorthin gebracht sein.[3]) Die schönen Basreliefs von Virunum sind ebenfalls von auswärts eingeführt, ohne Zweifel auf dem Wege über Aquileia. Aus der Leidensgeschichte der Vier Gekrönten kennt man die Bedeutung der pannonischen Steinbrüche[4]) im 3. Jahrhundert, in denen man den Marmor nicht nur zu Tage förderte, sondern auch bearbeitete. Diese Werkplätze scheinen ein wichtiges Zentrum für die Fabrikation mithrischer Exvoto gewesen zu sein. Wenigstens stammen mehrere von diesen, obwohl sie in den Tempeln Germaniens ausgegraben wurden, sicherlich von den Ufern der Donau. Diese Feststellungen werfen ein merkwürdiges Licht auf den Handel mit Kirchenschmuck zur Zeit des Heidentums.

Dessenungeachtet sind unsere Monumente der Mehrzahl nach ohne irgendwelchen Zweifel an Ort und Stelle ausgeführt. Das ist ohne weiteres klar bezüglich derjenigen, welche in die Wand geebneter Felsen gehauen wurden — unglücklicherweise sind

---

1) Friedländer, *Sittengeschichte Roms*, Bd. III⁶, S. 280—281.
2) *T. et M.*, t. II, mon. 267 et la note p. 390.
3) *T. et M.*, t. II, mon. 235 et la note p. 338.
4) Wattenbach, *Passio sanct. IV coronat.*, mit Bemerkungen von Benndorf und Max Büdinger, 1870; vgl. Friedländer a. a. O. S. 282 f. Ein neuer Text wurde von Wattenbach publiziert in den *SB. Akad. d. Wissensch. Berlin* XLVII, 1896, S. 1281 ff. Es gibt eine noch nicht edierte griechische Übersetzung davon, cf. *Analecta Bollandiana* XVI, 1897, p. 337.

alle stark beschädigt —; aber die Gewißheit einheimischer Herstellung ergibt sich auch noch für viele andere aus der Beschaffenheit des verwendeten Materials. Übrigens zeigt die Technik dieser Stücke deutlich genug, daß sie nicht von den auswärtigen Meistern eines großen künstlerischen Zentrums herrühren, auch nicht einmal von jenen wandernden Bildhauern, welche auf der Suche nach einträglichen oder ruhmvollen Aufträgen das Land durchschweiften, sondern von den bescheidenen Steinmetzen irgend einer benachbarten Stadt.

Die bedeutendsten Monumente sind zugleich diejenigen, deren lokaler Ursprung am besten bezeugt ist, denn ihr Transport würde nicht nur mit vielfachen Gefahren, sondern auch mit übermäßigen Kosten verbunden gewesen sein. Die Gesamtheit der großen mithrischen Basreliefs bildet daher eine der interessantesten Serien für des Studium der provinzialen Kunst in der Kaiserzeit. Zweifellos sind diese Skulpturen, welche dazu bestimmt waren, in der Apsis der Tempel der Anbetung der Gläubigen dargeboten zu werden, ebensowenig Meisterwerke wie die Masse der Votivtäfelchen, aber man hat sie doch nicht mit derselben Sorglosigkeit behandelt wie diese, und man spürt, daß ihre Urheber bemüht waren, ihr Bestes zu leisten. Können sie auch nicht ihre Originalität in der Erfindung der Sujets dartun, so zeugen sie doch von ihrem Geschick in der Gruppierung der Figuren und ihrer Gewandtheit in der materiellen Ausführung. Außerdem darf man bei der Beurteilung dieser Stücke nicht vergessen, daß der Maler dem Bildhauer zu Hülfe kam, und daß der Pinsel vollenden konnte, was der Meißel nur angedeutet hatte.

Auf dem bloßen Marmor oder dem mit Stuck überzogenen Stein brachte man leuchtende Farbentöne an: grün, blau, gelb, schwarz und alle Abstufungen von rot wurden ohne Diskretion nebeneinander verwendet. Der Unterschied der Farben markierte die großen Umrisse und ließ die untergeordneten Partieen hervortreten. Einzelheiten wurden oft sogar nur mit dem Pinsel angedeutet. Durch Vergoldung wurden endlich gewisse Nebendinge hervorgehoben. Im Halbdunkel der unterirdischen Krypten würde das Relief der Skulptur ohne diese glänzende Polychromie fast gar nicht zu erkennen gewesen sein. Letztere gehörte überdies zu den Traditionen der orientalischen Kunst, und schon Lucian stellt die einfachen und anmutigen Formen der hellenischen Gottheiten dem prunkenden Reichtum der aus Asien eingeführten gegenüber.[1]

Die namhaftesten dieser Werke sind in Nordgallien oder, besser gesagt, an der Rheingrenze zu Tage gefördert. Anscheinend ist diese ganze Gruppe von Monumenten der interessanten Bildhauerschule zuzuweisen, welche während des 2. und 3. Jahrhunderts in Belgien blühte, und deren Schöpfungen sich vorteilhaft von denen der südlichen Werkstätten unterscheiden.[2] Man kann das Basrelief von Osterburken[3], das vollständigste der Serie, nicht betrachten, ohne von dem Reichtum und der durchgängigen Harmonie dieser riesenhaften Komposition über-

---

1) Luc., *Jup. trag.* § 8.
2) Friedländer, *Sittengeschichte Roms*, Bd. III[6], S. 276 f. — Namentlich besteht eine offenkundige Verwandtschaft zwischen unseren Basreliefs und dem Denkmal zu Igel.
3) *T. et M.*, t. II, no. 246 et pl. VI.

rascht zu werden. Der verwirrende Eindruck, welchen die Anhäufung der Personen und Gruppen macht — ein Fehler, welchen die mithrischen Denkmäler mit vielen anderen ihrer Zeit und namentlich mit den im großen und ganzen ziemlich überladenen Sarkophagdarstellungen gemein haben — wird hier durch die kluge Verwendung von Randleisten und Einfassungen gemildert. Wenn man die Details aller dieser Arbeiten kritisieren wollte, so würde es leicht sein, an ihnen das Mißverhältnis mancher Figuren, die Ungeschicklichkeit gewisser Bewegungen und bisweilen auch die Steifheit der Haltung und der Gewandung zu tadeln; aber über diesen Schwächen darf man weder die Feinheit der Arbeit trotz des brüchigen Materials, noch vor allem den lobenswerten Erfolg vergessen, mit welchem eine wahrhaft großartige Konzeption zur Ausführung gelangt ist. Auf dem Stein nicht nur die Gottheiten, sondern auch die Kosmogonie der Mysterien und die Episoden der Mithralegende bis zur letzten Opferung des Stieres darstellen zu wollen, war ein gefährliches Unternehmen, dessen selbst unvollkommenes Gelingen schon verdienstlich ist. Schon früher findet man, besonders auf den Sarkophagen, das Verfahren angewandt, welches darin besteht, die aufeinanderfolgenden Momente einer Handlung in übereinandergestellten Bildern oder auf parallel laufenden Feldern darzustellen; aber dennoch würden wir nicht ein einziges Monument des römischen Paganismus anzuführen vermögen, welches in dieser Hinsicht mit unseren großen Basreliefs verglichen werden könnte, und um einen ähnlichen Versuch wiederzufinden, muß man bis zu den langen Kompositionen herabgehen, mit denen die christlichen Mosaikkünstler die Wände der Kirchen dekorierten.

Wir brauchen hier nicht mehr zu untersuchen, woher die verschiedenen Darstellungen stammen, welche auf unseren Monumenten erscheinen. Wir haben uns dieser Aufgabe bereits früher unterzogen und sie so gut als möglich zu lösen versucht, indem wir jede derselben besonders behandelten.[1]) Doch wollen wir nicht unbemerkt lassen, daß man sie trotz ihrer Mannigfaltigkeit in zwei oder, wenn man will, drei deutlich unterschiedene Klassen teilen kann. Eine gewisse Anzahl von Figuren sind ohne weiteres den traditionellen Typen der griechisch-römischen Kunst entlehnt. Ahura-Mazda, der die sich gegen ihn erhebenden Ungeheuer vernichtet, ist ein hellenischer Zeus, der die Giganten niederschmettert; Verethraghna ist in einen Herkules verwandelt; Helios ist der auf seiner gewohnten Quadriga stehende langgelockte Ephebe; Neptun, Venus, Diana, Merkur, Mars, Pluto, Saturn treten uns in ihrer gewöhnlichen Gestalt entgegen, in der Kleidung und mit den Attributen, die wir seit langem an ihnen kennen. Ebenso waren die Jahreszeiten, die Winde, die Planeten schon vor der Ausbreitung des Mithriacismus personifiziert, und dieser hat in seinen Tempeln nur die längst allgemein bekannten Modelle reproduziert.

Dagegen ist eine Gestalt wenigstens die Umbildung eines asiatischen Archetypus: nämlich der löwenköpfige Kronos.[2]) Wie die meisten seinesgleichen ist dies Ungeheuer mit Tierkopf eine

---

1) Vgl. Bd. II des Hauptwerkes.
2) Vgl. oben S. 82, Fig. 2.

Schöpfung der orientalischen Einbildungskraft. Sein Stammbaum reicht zweifellos bis in die assyrische Skulptur hinauf. Nur haben die Künstler des Occidents, da sie einen dem griechischen Pantheon fremden Gott darzustellen hatten und durch keinerlei Tradition gehemmt wurden, ihrer Phantasie freien Lauf gelassen. Die verschiedenen Umwandlungen, welche sie mit dieser Figur vorgenommen haben, sind einerseits durch religiöse Erwägungen veranlaßt — nämlich durch die Tendenz, den Symbolismus dieser deifizierten Abstraktion mehr und mehr durch die Häufung ihrer Attribute zu steigern —, anderseits durch ein ästhetisches Interesse — den Wunsch, die Monstrosität dieses exotischen Ungetüms nach Möglichkeit zu verringern und es nach und nach zu humanisieren. Sie unterdrückten schließlich seinen Löwenkopf und beschränkten sich darauf, dieses Tier zu seinen Füßen darzustellen oder die Maske der räuberischen Katze auf seiner Brust anzubringen.

Der löwenköpfige Gott der Ewigkeit ist die originellste Schöpfung der mithrischen Kunst, und wenn sie auch den Zauber der Anmut durchaus entbehrt, so erregt doch die Seltsamkeit ihres Aussehens, die suggestive Häufung ihrer Attribute die Aufmerksamkeit und fordert das Nachdenken heraus. Abgesehen von dieser Gottheit der Zeit kann man nur bei gewissen Emblemen ihren orientalischen Ursprung nachweisen, so bei der auf einen Stab gehängten phrygischen Mütze oder bei der Kugel, über welcher ein Adler schwebt und die den Himmel bedeutet. Ebenso wie die Opferung des Stieres durch Mithra sind die übrigen Szenen, in welchen der Heros handelnd auftritt, ohne Zweifel der Mehrzahl nach nur Transpositionen populärer Motive der hellenistischen Zeit, obwohl wir nicht immer das Original wieder auffinden können, welchem der römische Bildhauer gefolgt ist, oder die Elemente, welche er in seiner Darstellung kombiniert hat. Übrigens ist der künstlerische Wert dieser Nachbildungen im allgemeinen äußerst gering. Wenn man die unlebendige Darstellung Mithras, wie er aus seinem Felsen hervorkommt, mit der seelenvollen Schilderung der Geburt des Erichthonios vergleicht, wie sie uns die Vasenbilder vor Augen stellen, so erkennt man, wie viel mehr die alten griechischen Keramiker aus einem ähnlichen Vorwurf zu machen verstanden. Die Dürftigkeit der Neuerungen, welche die mithrische Ikonographie aufzuweisen hat, steht in einem peinlichen Kontrast zu der Bedeutung der religiösen Bewegung, aus der sie entsprungen sind. Wir überzeugen uns wieder einmal davon, wie sehr der Skulptur in der Zeit, als die persischen Mysterien sich im Reiche verbreiteten, die Fähigkeit mangelte, einen neuen Aufschwung zu nehmen. Während man in der hellenistischen Periode für die ägyptischen Gottheiten neue Formen zu schaffen vermochte, welche in glücklicher Weise ihrem Charakter angepaßt waren, mußten in der Kaiserzeit die meisten mazdäischen Götter trotz ihrer ganz eigenartigen Natur wohl oder übel die Gestalt und das Kostüm der Bewohner des Olymps annehmen, und wenn man sich dazu verstand, für einige ungewöhnliche Sujets neue Typen zu erfinden, so sind diese von trauriger Banalität. Der von den voraufgegangenen Generationen ererbte überschwängliche Reichtum hatte die schöpferische Kraft der Kunst erstickt; gewohnt von

Anleihen zu leben, war sie zu jeder individuellen Produktion unfähig geworden.

Aber wir würden den Anhängern des Mithriacismus unrecht tun, wollten wir von ihnen verlangen, was sie uns durchaus nicht zu bieten beabsichtigten. Der Kultus, dem sie huldigten, war nicht der der Schönheit, und die Liebe zur plastischen Form würde ihnen ohne Zweifel eitel, wenn nicht gar verwerflich erschienen sein. Ihnen kam es allein auf die religiöse Stimmung an, und um diese zu erzeugen, wandten sie sich vor allem an den Verstand. Trotz der zahlreichen Anleihen, welche sie bei dem Schatze der von der griechischen Skulptur geschaffenen Typen machte, bleibt die mithrische Kunst ihrem Wesen nach asiatisch wie die Mysterien, aus denen sie erwuchs. Ihre vorherrschende Absicht ist keineswegs, einen ästhetischen Eindruck hervorzurufen; sie will nicht entzücken, sondern erzählen und belehren, auch hierin den Überlieferungen des alten Orients treu. Der Wirrwarr der Personen und Gruppen, welche sich auf gewissen Basreliefs drängen, die Fülle der Attribute, mit welcher man den mithrischen Kronos belastet — das alles zeigt uns, daß mit einer neuen Form der Religion ein neues Ideal geboren ist. Die häßlichen oder gleichgültigen religiösen Symbole, deren vielfache Verwendung unsere Monumente bezeugen, fesselten den Beschauer nicht durch ihre Anmut oder ihren Adel: sie wirkten fascinierend auf seinen Geist durch die verwirrende Anziehungskraft des Unbekannten und riefen in seiner Seele die Ehrfurcht vor einem erhabenen Mysterium hervor.

So erklärt es sich hauptsächlich, daß diese überaus raffinierte Kunst trotz ihrer Unvollkommenheiten dennoch von bleibendem Einfluß gewesen ist. Sie war mit der christlichen Kunst durch natürliche Verwandtschaft verbunden, und der Symbolismus, den sie im Abendlande populär gemacht hatte, verschwand nicht mit ihr. Selbst die allegorischen Figuren des kosmischen Zyklus, welche die Anhänger des persischen Gottes im Überfluß reproduziert hatten, weil die ganze Natur für sie göttlich war, wurden vom Christentum übernommen, obwohl sie in Wirklichkeit seinem Geiste widersprachen. So die Bilder des Himmels, der Erde und des Meeres, der Sonne, des Mondes, der Planeten und der Zeichen des Tierkreises, der Winde, der Jahreszeiten und der Elemente, die auf den Sarkophagen wie in den Mosaiken und den Miniaturen so häufig vorkommen.

Sogar die mittelmäßigen Kompositionen, welche die Künstler für die Episoden der Mithralegende erfunden hatten, erschienen den christlichen Jahrhunderten, welche sich noch weniger als die vorhergehenden von der Überlieferung der Vergangenheit loszusagen vermochten, ebenfalls der Nachahmung würdig. Als die Bildhauer sich nach dem Siege der Kirche vor bisher noch nicht in Angriff genommene Aufgaben gestellt sahen und sich in der schwierigen Lage befanden, Personen oder Erzählungen der Bibel in Stein ausführen zu müssen, da waren sie froh, daß sie sich an die Darstellungen anlehnen konnten, welche die persischen Mysterien verbreitet hatten. Einige Änderungen des Kostüms und der Haltung verwandelten die heidnische Szene in ein christliches Bild: Mithra, der mit dem Bogen gegen den Felsen schießt, wird zum Moses, der das Wasser aus dem

Berge Horeb hervorquellen läßt; Sol, der seinen Bundesgenossen über den Ozean entrückt, dient als Vorlage für die Himmelfahrt des Elias auf einem feurigen Wagen, und bis tief ins Mittelalter hinein erhielt sich der Typus des stiertötenden Gottes in den Bildern Simsons, der den Löwen zerreißt.